Petits secrets et gros mensonges de votre banquier
de Fabien Major
est le mille quatre-vingt-onzième ouvrage
publié chez VLB éditeur.

Directrice littéraire : Ariane Caron-Lacoste
Design de la couverture et mise en pages : Chantal Boyer
Photo de l'auteur : Michel Paquet
Révision : Emmanuel Dalmenesche
Correction : François Bouchard

Catalogage avant publication de Bibliothèque et Archives nationales du Québec
et de Bibliothèque et Archives Canada

Major, Fabien, 1965-
Petits secrets et gros mensonges de votre banquier
Comprend des références bibliographiques.
ISBN 978-2-89649-757-7
1. Banques - Canada. 2. Banques - Profits - Canada. I. Titre.
HG2704.M34 2017   332.10971   C2016-942320-4

VLB ÉDITEUR
Groupe Ville-Marie Littérature inc.*
Une société de Québecor Média
1055, boulevard René-Lévesque Est
Bureau 300
Montréal (Québec) H2L 4S5
Tél. : 514 523-7993
Téléc. : 514 282-7530
Courriel : vml@groupevml.com
Vice-président à l'édition : Martin Balthazar

Distributeur :
Les Messageries ADP inc.*
2315, rue de la Province
Longueuil (Québec) J4G 1G4
Tél. : 450 640-1234
Téléc. : 450 674-6237
*filiale du Groupe Sogides inc.,
filiale de Québecor Média inc.

VLB éditeur bénéficie du soutien de la Société de développement des entreprises
culturelles du Québec (SODEC) pour son programme d'édition.
Gouvernement du Québec – Programme de crédit d'impôt pour l'édition de livres
– Gestion SODEC.

Financé par le gouvernement du Canada | **Canada**

Nous remercions le Conseil des arts du Canada de l'aide accordée à notre programme
de publication.

PETITS SECRETS ET GROS MENSONGES DE VOTRE BANQUIER

Fabien Major

PETITS SECRETS ET GROS MENSONGES DE VOTRE BANQUIER

vlb éditeur
Une société de Québecor Média

INTRODUCTION

« La BMO augmente ses profits de 4 % ! »
« La TD surpasse les attentes... »
« Le bénéfice de RBC fracasse de nouveaux records. »
« Six pour cent d'augmentation du bénéfice de la Scotia ! »
« La CIBC augmente sa rentabilité. »

Telles étaient les manchettes des journaux le jour où je me suis lancé dans la rédaction de cet ouvrage. Ces nouvelles prenaient soudain pour moi une autre signification...

L'an dernier, les profits des cinq grandes banques canadiennes avoisinaient les 40 milliards de dollars.

Au Canada, la gourmandise des banques n'a d'égale que l'efficacité de notre système fiscal. Et comme le lobby des banques fait la pluie et le beau temps pour ce qui est de nos politiques, on pourrait en conclure que nos frais financiers, qu'il nous semble impossible de réduire, sont devenus des taxes déguisées.

Au fil des ans, une famille canadienne moyenne paiera, en frais de toutes sortes, des dizaines de milliers de dollars à sa banque ou à sa caisse. Cela représente parfois autant que la totalité de ses taxes foncières. Mais ne nous méprenons pas sur la nature de ces frais : ce sont des taxes volontaires, et rien ne nous oblige à les accepter les yeux fermés. En effet, elles peuvent très bien être négociées, réduites. Mais pour ce faire, il nous faut agir différemment, et surtout, mieux connaître la structure et le fonctionnement des institutions.

La structure du système fiscal traduit dans une large mesure les choix politiques des contribuables, et ceux-ci ont le pouvoir de protester en votant pour des gouvernements qui répondent mieux à leurs souhaits. Pour ce qui est de modifier notre système bancaire, les choses sont beaucoup plus complexes. Comme vous le constaterez dans cet ouvrage, il devient de plus en plus lourd d'entretenir notre oligopole bancaire.

Les raisons de lire ce livre ne manquent pas. si vous vous sentez impuissants, c'est le moment de dissiper cette fausse impression. Si vous êtes excédé par notre structure bancaire moyenâgeuse, ce livre vous indiquera comment trouver d'autres solutions. Si le simple fait de penser à vos finances vous effraie, vous trouverez ici la meilleure marche à suivre pour vous reprendre en main. En tant que consommateurs, nous devons être mieux avisés en matière de finances personnelles afin de ne pas nous faire rouler dans la farine.

« Apprendre, c'est déposer de l'or dans la banque de son esprit », disait l'auteur Shad Helmstetter. C'est dans cette optique que j'ai décidé d'écrire le livre que vous tenez entre vos mains. Mon intention est de vous apprendre ce que vous avez besoin de savoir sur les banques et les services financiers, et de vous rappeler que ce ne sont que des produits et services comme bien d'autres. Je désire vous instruire sur le système bancaire canadien, qui fait notre fierté tous les cinquante ans, lorsque tout s'effondre autour de nous, mais qui nous fait enrager le reste du temps.

Mon objectif est de vous enseigner comment vous munir de tous les outils possibles pour bien gérer vos finances, à l'aide d'exemples clairs, d'informations peu connues, d'anecdotes éclairantes ou de résumés d'entretien, mais aussi grâce à des illustrations parlantes et à des clips vidéo conçus sur mesure, que vous pourrez visionner sur le site internet Secretsdubanquier.com.

Alors que je gagne aujourd'hui ma vie dans le monde de la finance, il peut sembler paradoxal que j'écrive un livre pour dévoiler les « secrets et mensonges des banquiers ». Il faut savoir qu'il existe en réalité des dizaines de professions distinctes dans le domaine des services financiers, dont celle de banquier.

La finance est pour moi une seconde nature, que j'ai découverte pour ainsi dire à reculons, au moment où j'ai fait mes premiers pas dans le domaine, en 1996.

Dans une « première vie », de 18 à 32 ans, j'ai été animateur de radio, chroniqueur télé et narrateur. Peut-être vous souvenez-vous de l'émission *La vie des gens riches et célèbres* ? Eh bien, c'était moi qui faisais la voix principale en français. Comme j'étais pigiste et que mes revenus fluctuaient beaucoup, je me suis résigné à chercher un plan B, c'est-à-dire un autre métier offrant une paie plus stable, au cas où le travail viendrait à manquer.

En 1995, alors jeune père de famille et jeune trentenaire, j'avais quatre enfants à nourrir, et je ressentais du stress chaque fois qu'un confrère était mis à pied. Par orgueil, fierté, prévoyance ou résignation, et peut-être pour chacune de ces raisons, j'ai fini par acquiescer à une demande que mon père m'avait maintes fois répétée. C'est ainsi qu'en 1996, j'ai commencé à étudier les valeurs mobilières.

Cela fait maintenant plus de vingt ans, et mon opinion sur le monde de la banque et de la finance n'a pas vraiment changé. Je suis extrêmement méfiant face aux beaux parleurs. En fait, je me tiens sur mes gardes dès que j'entends un vendeur recourir à son jargon pour impressionner la galerie ou paraître plus intelligent que son voisin. Qu'il s'agisse d'un avocat, d'un agent d'assurances ou d'un vendeur d'ordinateurs, de thermopompes ou de produits financiers, le truc est le même : bombarder le client de termes techniques afin de passer pour plus malin que l'on ne l'est. C'est l'aspect de la vente qui me rebute le plus.

Après avoir terminé mes cours en assurances de personnes et en valeurs mobilières, j'ai analysé les opportunités qui s'offraient à moi. Je ne souhaitais nullement devenir un

« vendeur à pression » de services financiers. Je souhaitais conseiller les gens, et le faire avec conviction et sincérité.

La première offre d'emploi qui s'est présentée était très flatteuse. Je postulais pour devenir conseiller en épargne collective pour une des plus grandes banques canadiennes. Mais, après dix minutes d'entrevue, j'étais déjà convaincu que jamais au grand jamais je ne travaillerais pour cette institution.

Le poste de conseiller à commission qu'on me proposait consistait à vendre uniquement des fonds communs de la banque, avec un volume de ventes minimum évalué trimestriellement. Pour garder mon poste, je devrais aussi proposer des cartes de crédit, des prêts personnels, et recommander le plus de clients possible au service des prêts hypothécaires. C'était à coups de 5 dollars par-ci, 12 dollars par-là, 8 dollars par-ci... Je n'en croyais pas mes oreilles.

On devait même *closer* les ventes en proposant au client une assurance-crédit. Chaque fois, il fallait offrir un produit financier complémentaire, à l'instar d'un vendeur de Best Buy qui insiste pour que vous repartiez avec une garantie prolongée inutile, ou d'un vendeur de chaussures, chez Yellow ou ailleurs, qui vous vante les mérites d'un imperméabilisant en aérosol.

Je n'ai pu m'empêcher de demander à la dame qui me faisait passer l'entrevue : « Et si vos produits ne sont pas ceux qui offrent les meilleures conditions du marché, je peux offrir ceux des autres ? » La réponse a été prompte et catégorique : je me devais d'être loyal envers mon employeur. Je me suis aussitôt levé et j'ai souhaité une bonne journée à mon interlocutrice.

J'ai choisi un chemin plus difficile, mais ô combien plus gratifiant ! Je suis resté pigiste, en m'exposant encore à l'insécurité financière, mais en respectant mes principes et en restant fidèle à mes valeurs. Je suis devenu conseiller autonome. Autrement dit, je peux offrir à mes clients les produits et les services de toutes les institutions financières et de toutes les compagnies d'assurances. J'ai ainsi la liberté de ne leur recommander que ce qui favorise d'abord et avant tout leurs intérêts.

Face à chaque client, j'écoute toujours ce que me dit ma voix intérieure. Elle me sert constamment de guide. « Dans des circonstances semblables, proposerais-je ces solutions aux membres de ma famille ? Ai-je suffisamment confiance en ces produits pour en acheter pour moi-même ? » Aujourd'hui encore, j'aide les familles à bâtir leur patrimoine, à le protéger, et à planifier leur autonomie financière. J'y vois quelque chose de noble et d'utile.

Je ne changerais de profession pour rien au monde. J'adore mon métier.

Depuis vingt ans que je suis conseiller en gestion de patrimoine et dix-huit ans que je suis chroniqueur, blogueur et commentateur financier pour la radio et la télé, j'en ai appris des vertes et des pas mûres sur le sujet. Je ne compte plus les histoires, les témoignages et les confidences que je tiens de la bouche même de clients, de journalistes, de dirigeants d'entreprise et de relations professionnelles, mais aussi d'employés et de cadres de banques et de caisses. J'ai aussi pris connaissance de centaines de commentaires de lecteurs et d'auditeurs, sans compter ceux provenant de confrères conseillers travaillant pour toutes les institutions financières. Il en ressort beaucoup de faits troublants qui, malheureusement, font rarement les manchettes.

Ces années et ces expériences m'ont aussi appris pourquoi les faits et gestes des grandes banques canadiennes sont rarement critiqués ou remis en question dans les médias. La raison est très simple : avec plus de 64 milliards de dollars de bénéfices, les services financiers occupent la palme de la rentabilité au Canada. Les profits réalisés au pays proviennent à 25 % des banques, des sociétés d'investissement ou des compagnies d'assurances. Chaque année, toutes industries confondues, près de 13 milliards de dollars sont dépensés en publicité au Canada. Comme les financières représentent le secteur économique le plus rentable, on peut estimer à plus de 4 milliards de dollars leurs dépenses annuelles en publicité et marketing.

Inutile de vous rappeler que notre presse écrite et nos médias électroniques traditionnels peinent à boucler leurs fins de mois. Ajoutez à cela la baisse d'écoute qui touche l'ensemble des radios en raison du *streaming* et de l'intérêt croissant du public pour le web et les réseaux sociaux, et vous vous retrouvez avec des salles de nouvelles sans budget, sans ressources. En quinze ans, les salles de nouvelles canadiennes se sont vidées de 58 % de leurs effectifs.

Le chien de garde médiatique est plutôt édenté par les temps qui courent. Pensez-vous sérieusement qu'un journaliste ou un animateur, si populaire soit-il, aura les coudées franches et l'aval de ses supérieurs pour dénoncer les travers d'une industrie qui contribue probablement au quart de sa paie ? Poser la question, c'est y répondre.

Je ne suis pas journaliste, et mon gagne-pain principal ne dépend pas des banques. Rien ne peut donc me dissuader de vous expliquer comment fonctionnent les quotas et la pression à la vente des produits et services financiers, pourquoi on accorde des prêts hypothécaires dont les remboursements dépassent 30 % du budget familial, pourquoi les banques ont vu l'affaire Vincent Lacroix comme une bonne nouvelle...

Je vous dévoilerai en toute liberté les dessous du pire produit financier actuellement en vente libre, les tours de passe-passe dont fait l'objet le taux de change de vos devises, les entourloupes du banquier pour rapatrier des dollars qui se sont fait bronzer sous les palmiers de la Barbade. Vous apprendrez dans ces pages des trucs pour faire fondre comme neige au soleil vos frais financiers, pour améliorer les rendements de vos placements, et pour mieux négocier vos prêts.

Sans doute aimeriez-vous savoir ce qui se passe derrière les portes closes des salles de transactions et dans les bureaux des banquiers, ce qu'on fait avec vos économies et ce qu'on dit à votre sujet?

Je vais vous le dire.

LA PETITE HISTOIRE DES GRANDES BANQUES

Chaque fois qu'une banque fait un prêt, un nouveau crédit bancaire est créé. De l'argent tout neuf.
Graham F. Towers, ancien gouverneur de la Banque du Canada

Dans l'histoire du monde bancaire, les banques n'ont jamais fait d'argent. Périodiquement elles effacent tous leurs gains du passé, pendant que les banquiers s'enrichissent.
Nassim Taleb, statisticien et écrivain américain

La genèse de la banque est beaucoup plus ancienne que celle de l'Ancien Testament. Les premiers banquiers ressemblaient davantage aux prêteurs sur gage de la rue Ontario, à Montréal, qu'aux cravatés de la rue Saint-Jacques. Pour comprendre comment nos banques sont devenues ce qu'elles sont, il est important de bien saisir leurs origines. Non, je ne vous ferai pas un cours magistral sur le sujet, mais soyez attentif, nous allons couvrir plusieurs siècles en quelques paragraphes.

C'est en Mésopotamie qu'apparaissent les premiers banquiers, il y a plusieurs milliers d'années, bien avant la création du papier-monnaie. Les activités « bancaires » consistaient alors à louer des coffres de sûreté, à prêter des pierres précieuses, de l'or et des œuvres d'art. On prêtait aussi des grains aux paysans, qu'ils devaient rembourser avec des intérêts, c'est-à-dire en versant davantage de semences, ou des semences appartenant à des espèces plus prisées par les cultivateurs.

Le Code d'Hammourabi est un texte juridique babylonien datant de 1750 ans avant Jésus-Christ, qui nous est parvenu complet. Il édictait des lois qui encadraient spécifiquement les métiers de la finance. Ainsi, il y a près de 4000 ans, il était interdit de demander plus de 20 % d'intérêts par an.

Quelques milliers d'années après l'apparition des premières pièces, les changeurs italiens apportaient leurs « bancs » dans les marchés publics pour échanger les monnaies et faciliter le commerce. Les mots *banca, banco,* puis *banque* et *banquier* sont entrés dans le vocabulaire populaire pour désigner les métiers liés aux échanges de devises, de dépôts de valeurs et de crédit.

BANQUIERS À L'ITALIENNE

Entre 1250 et 1499, les banques et les banqueroutes se multiplient en Italie. Florence, Venise, Sienne et Gênes sont les sièges de ces premiers financiers d'Europe. Les Lombards, les puissants marchands du nord du pays, transféraient leurs activités vers les villes qui ne leur prélevaient ni impôts ni taxes. Parce qu'elles géraient des valeurs de plus en plus élevées, les banques attiraient l'attention des nobles et des hommes d'État. Elles furent donc très tôt la cible des percepteurs des impôts. À l'image de ce que font certaines PME de nos jours, lorsque leurs dettes fiscales et autres devenaient trop lourdes, ces banques pouvaient déposer leur bilan. La première faillite bancaire répertoriée fut celle de la Leccacorvo.

Monte dei Paschi di Siena, la plus ancienne banque toujours en activité, a été fondée en 1472 à Sienne, en Toscane, dans le but d'aider les paysans défavorisés. La banque « crédit de charité » visait à faciliter les petits prêts d'argent. Ce sont des moines de l'époque qui eurent l'idée de concurrencer les prêteurs usuraires en offrant des microcrédits à des taux réduits et parfois sans intérêt. Il n'était pas rare, au Moyen-Âge, d'exiger des plus démunis des taux supérieurs à 130 %.

Papier ou poches trouées ?

L'économiste suisse François de Siebenthal, aujourd'hui enseignant aux HEC, a été auparavant secrétaire général de la banque Credit suisse. En étudiant l'histoire du système bancaire contemporain, il a découvert que la grosseur des pièces de monnaie utilisées en Suède et en Europe du Nord a probablement contribué à la naissance des financiers.

« On a pris l'habitude de remplacer les pièces très lourdes qui trouaient les poches par des papiers, explique-t-il. Les bijoutiers et orfèvres, qui avaient des voûtes solides avec des portes blindées, se sont mis à prêter des papiers (reconnaissance de dépôt sur valeurs) au lieu des pièces et lingots pesants. De fil en aiguille, les bijoutiers ont prêté beaucoup plus que ce qu'ils avaient en stock. Ils faisaient des gros gains sur les taux d'intérêt[1]. »

À cause de son aspect pratique, l'usage du papier s'est répandu, au point d'en devenir bientôt un objet virtuel. Ceux qui allaient et venaient avec ces certificats ne se donnaient même plus la peine d'aller chercher les pièces d'or entreposées. Ils échangeaient ces papiers contre des biens ou contre d'autres lettres de valeurs variables. Les bijoutiers devenus banquiers ont rapidement perdu le contrôle de la valeur réelle des comptes. Mais cela n'avait plus d'importance. Avec quelques bouts de papier anodins, ils tenaient entre leurs mains le sort des paysans, des villageois, des ouvriers, et même celui de leurs dirigeants politiques. Un véritable instrument de pouvoir !

C'est ainsi qu'accidentellement, les banquiers ont compris qu'ils pouvaient créer à partir du néant des masses monétaires colossales. En recourant à divers stratagèmes, au lobbying et aux multiples astuces de marketing, ils continuent à se faire payer grassement en prêtant des montants

---

1. « Les Suisses aiment-ils vraiment leur banque ? », *Qu'est-ce qu'elle a ma girl ?*, BeCuriousTV, Suisse, mai 2015.

reposant sur des actifs inexistants ou, dans le meilleur des cas, d'une importance nettement exagérée.

De joailliers à banquiers anglais

La Child & Co., une des plus anciennes banques d'Angleterre, a été fondée en 1664 par Francis Child. Joaillier de la cour du roi William III, il se consacra toute sa vie à la bijouterie et au commerce de métaux précieux. À son décès, en 1713, ses trois fils transformèrent l'entreprise familiale en banque. À travers les siècles, la Child & Co. a changé de propriétaire à plusieurs reprises, jusqu'à être avalée par RBS, la Royal Bank of Scotland. Son bureau est toujours au cœur de la City de Londres, au 1, Fleet Street. La Child & Co. se targue d'avoir inventé le chèque dans la forme qu'on lui connaît aujourd'hui.

Au début de la colonisation de l'Amérique, chacun dépendait des instances gouvernementales locales pour obtenir un financement quelconque. Les capitaux provenaient également du crédit consenti par les marchands ou par des hommes d'affaires britanniques. Les premières activités bancaires de la nouvelle Amérique eurent lieu à Philadelphie, aux alentours de 1782. Le 4 janvier de cette année-là ouvrit en effet la Banque de l'Amérique du Nord, la première banque commerciale des États-Unis.

C'est à la suite de la création en 1791 par le Congrès de la Banque des États-Unis, ancêtre de la Réserve fédérale des États-Unis (FED), que le financement de l'armée continentale indépendantiste put voir le jour. Défiant la couronne britannique, les marchands de Philadelphie créèrent leur propre système monétaire et commencèrent à frapper leurs pièces de monnaie et à imprimer leurs devises en papier, tout en encourageant la croissance économique sur le territoire américain.

LES BANQUES CANADIENNES

En 1782, neuf commerçants montréalais créent la Canada Banking Company. Ce sont les débuts de l'histoire bancaire canadienne. Mais sans l'autorisation d'émettre son propre papier-monnaie, la banque doit se résoudre à cesser ses activités en 1807.

Une décennie plus tard, s'inspirant d'un modèle américain, neuf autres marchands montréalais, dont un seul francophone, Augustin Cuvillier, lancent la Banque de Montréal[2]. Depuis le déménagement des activités de la direction à Toronto en 1977, la Banque tente par tous les moyens de camoufler son nom d'origine, qui fait un peu trop « québécois » aux yeux de Bay Street. BMO Groupe financier compte maintenant un effectif avoisinant cinquante mille employés.

Au cours du XIXe siècle, des dizaines de banques canadiennes ont vu le jour, toutes inspirées des institutions à succursales d'origine britannique. Leurs activités principales sont d'une simplicité étonnante. Elles conservent les dépôts des clients et prêtent de l'argent, surtout aux commerçants.

Durant cette période où les activités des banques prolifèrent, les gouvernements, sous la pression populaire, ont bien tenté d'encadrer leurs pouvoirs et de les limiter en votant des règles et lois de plus en plus sévères. Mais, pendant plus d'un siècle, les banquiers jouissent cependant d'une latitude considérable et, faute d'être encadrées par une autorité centrale, elles ont les coudées franches pour agir. Ils imposaient ainsi sans vergogne leur diktat sur le loyer de l'argent et entraînaient en alternance, à l'échelle du pays, reprises et expansions, récessions et crises agrémentées d'inflation, de déflation,

---

2. Merril Denison, *La première banque au Canada*, Toronto, McClelland & Stewart, 1966.

de fermetures d'usines et de commerces, et farcies de chômage endémique.

Avec la crise financière de 1929, occasionnée par des bulles spéculatives jumelées à l'avidité des banquiers, la création de la Banque du Canada devient incontournable. Celle-ci est inaugurée en 1934. Au Canada comme dans toutes les économies évoluées, la banque centrale a pour responsabilité de promouvoir l'activité économique en diminuant les taux d'intérêt directeurs ou d'éviter la surchauffe en ajustant à la hausse le prix du loyer des capitaux aux banques.

Cependant, chaque fois qu'une crise ou un ralentissement économique a frappé le Canada, les banquiers, protégés par l'État et branchés sous perfusion permanente sur les capitaux émis par la Banque du Canada, ont pu consolider leur emprise. Chaque correction du marché a permis l'achat (souvent au rabais, rarement à vil prix) de trusts, de banques d'affaires, de courtiers en devises, de métaux précieux ou de valeurs mobilières et de cabinets de planification financière. Il n'est même pas nécessaire d'afficher un bilan financier étincelant. Il suffit aux banques d'émettre de nouvelles obligations ou de nouvelles actions, et le tour est joué. En procédant ainsi — retenez l'astuce —, les banques annoncent une augmentation de leurs dividendes, et les actionnaires cessent de grogner.

FUSIONS, ACQUISITIONS ET DISPARITIONS

Alors que ce secteur était à l'origine assez diversifié et ouvert à la concurrence, le monde des services financiers canadiens est devenu très concentré et peu concurrentiel. Notre « Big Six », expression qui désigne les six grandes banques canadiennes, est maintenant assis sur un actif total de 5000 milliards de dollars.

Le système bancaire canadien est très différent de ceux qu'on observe aux États-Unis et en Europe. La taille de nos institutions étonne, mais également la concentration de leurs activités. Aucun autre marché ne permet une telle centralisation des services financiers entre les mains de si peu d'entités. Chacune d'entre elles possède au moins huit tentacules :

1. Prêts et dépôts aux particuliers
2. Activités bancaires commerciales
3. Fonds communs de placement
4. Fonds négociés en Bourse (FNB)
5. Activités au détail en valeurs mobilières
6. Gestion de capitaux institutionnels (devises, indices, marchandise, émissions de nouveaux titres...)
7. Courtage en direct en ligne
8. Gestion de patrimoine

Dans plusieurs cas s'y ajoutent assurances de dommages, assurances vie, assurances invalidité et assurances en cas de maladies graves.

Prenez le cas de la Banque Nationale du Canada. Le groupe qu'on connaît aujourd'hui est l'aboutissement de dizaines d'associations et de fusions. Avant d'intégrer la Banque provinciale du Canada, la Banque canadienne nationale gobe la Banque d'Hochelaga. Elle fusionne avec la Banque populaire et engloutit la Banque d'économie de Québec. En 1976, la Provinciale absorbe L'Unité, Banque du Canada et la Financière Laurentides Ltée. En 1979, la Banque canadienne nationale et la Provinciale s'unissent. Désormais, l'entité s'appellera simplement Banque Nationale.

En 1985, l'institution achète la Banque Mercantile et multiplie les acquisitions dans les valeurs mobilières, les assurances et les gestionnaires de fonds communs. En 1988, au moment où le film d'épouvante *Le Blob* terrorise les ados américains, la Banque Nationale ingère la firme de courtage

Lévesque-Beaubien, puis Geoffrion-Leclerc. Rien ne semble vouloir freiner son appétit. Tour à tour, les dirigeants de Family Trust, de Putnam Lovell, d'Altamira, d'Everest, d'Option-Retraite, de Wellington West et de Montrusco se laissent convaincre d'être absorbés.

Au cas où vous l'auriez oublié, au fil des années, la BMO a également acheté la Banque Molson, la Harris Bankcorp, Guardian Groupe de Fonds, Nesbitt Thomson, Moneris Solutions et AIG assurance vie du Canada, Diners Club International, la Banque commerciale portugaise.

La TD est le résultat des fusions ou acquisitions de Meloche-Monnex, de MBNA Canada, de Waterhouse, de Standard Chartered, de Central Guarantee Trust, de Canada Trust, de Chrysler Financial, etc.

La RBC est un agrégat, entre autres, de la Dominion Securities, du Trust Royal, de Philip, de Hager & North, de Dexia, de Centura Bank, de Provident Financial Group, de la Westbury Life, d'Ally Bank et de Blue Bay.

La CIBC est le résultat de la fusion de la Banque impériale canadienne et de la Banque canadienne de commerce. Avant cette fusion, l'Impériale avait intégré la Niagara District Bank, la Weyburn Security Bank et la division canadienne de la Barclays.

Pour sa part, la BCC a eu le temps d'amalgamer la Halifax Banking Company, la Gore Bank, la Eastern Townships Bank, la Banque de Colombie-Britannique, la Merchants Banks of Prince Edward Island, la Banque d'Hamilton et la Standard Bank of Canada.

Quant à la Banque Scotia, elle est la somme de Montréal Trusco, de la Union Bank, de la Banque d'Ottawa, de McLeod, Young & Weir, de Mocatta, d'Inverlat, d'E-trade, de Gestion de patrimoine Dundee, des fonds Dynamique, d'ING Direct (devenue Tangerine), de Citigroup Panama et Costa Rica, etc.

La culture, la vision, et les rêves des fondateurs de ces dizaines de belles entreprises ont été engloutis et fondus dans les activités anonymes et diluées de nos banques. Curieux n'est-ce pas ? Cela ressemble aux luttes de pouvoir et à l'intégration des familles dans *Game of Thrones*.

Au Canada comme à Westeros, la Banque de fer obtient toujours son dû !

HISTOIRE RÉCENTE DES BANQUES CANADIENNES

En 1988, les banques canadiennes étaient déjà riches et puissantes. Cela ne les a pas empêchées de présenter un drôle de plan au gouvernement Chrétien : devenir encore plus imposantes en fusionnant.

On les savait acquinées, mais pas à ce point. À la surprise générale, la Banque Royale voulait épouser la Banque de Montréal, et l'Impériale (CIBC) a demandé la main de la TD.

Paul Martin, alors ministre des Finances, a cependant trouvé que la dote était un peu trop élevée. Il ne s'est pas laissé berner : l'opération visait principalement à réaliser des économies d'échelle et conduirait inévitablement à la mise à pied de vingt mille employés.

« Vos projets sont trop précipités et pas assez étayés », déclarait Martin le 14 décembre 1998 à la Chambre des communes, craignant une réaction en chaîne qui aurait sûrement abouti à la fusion de la Banque Nationale avec la Scotia, mais surtout que l'accès des PME et des milieux ruraux aux capitaux soit menacé.

Fiducies, scandales et compagnie

À la fin des années 2000, le gouvernement Harper a tapé du poing sur la table et démonté *in extremis* un stratagème qui aurait pu entraîner le Canada dans une succession de déficits chroniques. En adoptant la loi C-52, il a évité que ne se constitue, sous la gouverne du Big Six une structure corporative d'évitement fiscal sophistiquée.

Après les attaques du World Trade Center de New York, en 2001, le grand public fuyait les actions ordinaires négociées à la Bourse. Les institutions financières rivalisaient d'ingéniosité pour générer des revenus de placement plus intéressants que les revenus d'intérêt des obligations et autres produits traditionnels, en proposant et en utilisant à toutes les sauces la structure de la fiducie de revenu.

Au Canada, une fiducie n'est pas assujettie à l'impôt des sociétés. Les fiducies peuvent remettre directement dans les poches de leurs propriétaires les capitaux qu'elles génèrent. Quant aux porteurs de parts, les revenus qu'ils reçoivent ne seront pas pris en compte dans leur intégralité et, dans certaines circonstances, seront même considérés comme un « retour de capital » non imposable. Ingénieux.

En se constituant en fiducie, les sociétés traditionnelles peuvent bénéficier de ces avantages et ainsi échapper à l'impôt. Le subterfuge se répand comme une traînée de poudre à des dizaines d'industries. Au début de la vague, Jim Flaherty, le ministre des Finances d'alors, estime les pertes annuelles de revenus pour le fédéral à 500 millions de dollars.

De très grandes corporations se sont alors structurées en fiducie : Brookfield, Groupe Pages Jaunes, Bell Aliant (Télébec, NorthernTel, Bell régional, entre autres), Canadian Oil Sands, Transforce, CI Financial, etc., sont devenues des fiducies commerciales.

Lorsque Bell Canada et Telus annoncent qu'elles ont l'intention de se convertir à leur tour à cette structure, et que des rumeurs persistantes concernant la puissante Banque Royale se mettent à courir, le gouvernement fédéral n'a pas d'autre choix que d'intervenir. En 2010, la Bourse canadienne compte 169 fiducies de revenu, pour une valeur boursière de 122 milliards. Avec l'adoption de la loi C-52, les règles s'appliquant aux fiducies de revenu sont modifiées, la plupart d'entre elles étant désormais assujetties aux mêmes taux d'imposition que les sociétés incorporées canadiennes, et ce, à compter de janvier 2011.

Les grandes banques en ont-elles souffert? Pas du tout. Cela a plutôt été une opération très lucrative. Leurs divisions de marchés des capitaux ainsi que les avocats d'affaires ont en effet accumulé des montagnes d'argent en transformant en fiducies plus d'une centaine de sociétés incorporées. L'introduction en Bourse de ces fiducies s'est traduite par des commissions juteuses. Et la distribution aux particuliers des titres, dans les portefeuilles de détail et de fonds communs, et dans les fonds de pension a également donné lieu à des commissions et à la facturation de frais de gestion.

Puis, lorsque le gouvernement fédéral a annoncé la fin du *party*, ces structures ont été démantelées, et l'opération a recommencé, cette fois dans l'autre sens. Les banques ont orchestré l'élaboration des nouvelles sociétés incorporées traditionnelles, qui étaient rendues nécessaires par la nouvelle loi, et elles ont dirigé les nouveaux produits vers les consommateurs... en empochant de nouvelles commissions au passage. Ingénieux, dites-vous?

Qui possède nos banques? Elles-mêmes!

L'Association des banquiers canadiens (ABC) aime rappeler que les grandes banques du pays n'appartiennent pas à d'obscurs financiers de l'ombre. La loi des banques stipule qu'un seul actionnaire ne peut détenir qu'un nombre limité des actions d'une banque. Comme elles sont toutes cotées en Bourse, elles sont publiques. Donc, la totalité ou presque des chiffres et des informations sensibles de nature à influencer leurs valeurs sont également aussi publics.

En plus de l'identité des membres du CA et du comité directeur, on peut obtenir toutes les statistiques clés et, en outre, savoir quelle est la rémunération des principaux dirigeants. Il est assez aisé de repérer qui sont les actionnaires les plus importants. Apprêtez-vous à être étonné.

Par exemple, la RBC compte des millions d'actionnaires, mais seul un petit nombre, 1 555 actionnaires au
total, possèdent des lots d'actions d'importance. Parmi
ceux-ci figurent les banques elles-mêmes ainsi que des
fonds ou d'autres entités qu'elles contrôlent. Les actions de
la RBC sont ainsi détenues, directement ou indirectement,
par BMO Gestion mondiale d'actifs, CIBC Marchés des
capitaux et son Fonds commun de revenu de *dividendes
canadiens* Impérial, par les Fonds TD de croissance de dividendes et de revenu mensuel, par le Fonds Scotia de dividendes canadiens et par la RBC elle-même ou par l'entremise de son propre fonds de dividendes... à hauteur de rien
de moins que 22,8 % du total.

Les actions de la Banque Toronto-Dominion sont
détenues par la banque elle-même ou par ses divers fonds,
et par d'autres banques à hauteur de 24,8 %. Du côté de la
BMO, le total de ses actions qu'elle possède elle-même est
de 28,6 %. Pour ce qui est de la CIBC, le chiffre grimpe à
32,66 %. Quant aux titres restants, la propriété échoie à
Fidelity, Power Corp, Jarislowsky Fraser, Blackrock, la
Caisse de dépôt et placement du Québec et quelques *hol-
dings* et individus.

Les banques ne se financent pas uniquement par l'émission d'actions. Elles émettent aussi des obligations. Et, vous
l'avez deviné, elles détiennent également une proportion
importante de ces obligations. En d'autres mots, sans que
ce soit officiel ni qu'on le crie sur les toits, les actionnaires
de contrôle et les principaux créanciers des banques canadiennes sont... les banques canadiennes elles-mêmes.

Mais, allez-vous me rétorquer, les fonds de placement,
les fonds de pension et autres titres des banques permettent le libre vote des porteurs de parts, soit les investisseurs.
C'est exact, du moins en théorie. Dans la pratique, les
assemblées générales ont souvent un rôle purement formel.
En fait, les ayants droit des titres bancaires ne se donnent
même pas la peine de signer les documents de procuration

permettant aux tierces parties de confiance de voter en leur nom.

Ce sont donc l'administrateur fiduciaire des banques et les gestionnaires — employés par les banques — des FCP et des fonds négociés en Bourse (FNB) qui exercent réellement les responsabilités des détenteurs. Là est le vrai pouvoir. Et avec 22 %, 25 % ou 33 % des actions entre leurs mains, les banques font bien sûr ce qu'elles veulent.

Les banques forment-elles un cartel ?

Quand une entreprise domine toutes les autres au point de faire la pluie et le beau temps en matière de prix, on parle d'un monopole. Un oligopole, c'est-à-dire un marché où quelques vendeurs maîtrisent l'offre face à une multitude d'acheteurs, est une situation plus sournoise. Au fil du temps, les fusions et acquisitions ont été si nombreuses dans le secteur canadien des services financiers que l'offre s'est concentrée. Pour certains services, c'est plus de 90 % des affaires qui passent par une demi-douzaine de joueurs au pays, ce qui correspond à la définition d'un oligopole. Un pas de plus et on aurait affaire à un cartel.

Lorsqu'il y a un équilibre des forces en présence, et c'est certainement le cas entre nos six grandes banques, tous les produits se ressemblent. En effet, concurrence oblige, les nouveaux frais et tarifs se nivellent à la vitesse de l'éclair. Chaque bonne idée se fait cloner dans le temps de le dire. Même les publicités et le mobilier des succursales des banques sont similaires. Par contre, quand il y a peu d'offreurs et de nombreux demandeurs, la tentation est forte de limiter la concurrence et de contourner les lois du libre marché. On peut alors s'entendre de façon plus ou moins formelle sur les prix ou sur certains segments de marché ou territoires.

Prenons un autre exemple d'entreprises qui forment un oligopole : les pétrolières. Lorsque les stations-services indépendantes ont toutes ou presque été avalées par une poignée de joueurs, on a assisté à une synchronisation incroyable des prix. Il semble évident que les pétrolières s'entendent souvent entre elles et planifient la tarification du prix de l'essence au litre. De telles ententes contreviennent à la loi, et le Bureau de la concurrence les a déjà pincées à quelques reprises, mais c'est l'exception.

Le système financier canadien ne fait pas l'unanimité

Lors de sa fondation, en 1935, l'objectif premier de la Banque du Canada était de ramener la prospérité, et de surtout viser à stabiliser le taux d'inflation. Prenant le relais des banques privées, elle devenait « l'agent financier » du gouvernement et avait vocation à administrer sa dette et ses réserves de change.

Cette période initiale a permis de « nettoyer » le marché. Alors que le pays comptait 51 banques, ce chiffre est tombé à 10 dans les années 1930. À partir du milieu des années 1970, notre banque centrale a connu des réformes qui ont abouti à redonner un rôle aux banques privées dans la création de la monnaie, par l'entremise d'emprunts de toutes natures.

Parmi les critiques les plus virulents du système financier canadien, on trouve le prix Nobel d'économie 2008 Paul Krugman : « La rigidité des salaires nominaux signifie que tenter d'obtenir un taux d'inflation très bas altère la flexibilité de salaires réels et augmente donc le taux de chômage à la longue[3]. »

Mais les critiques les plus cinglantes concernant la manière dont la Banque du Canada a choisi de structurer l'émission de ses capitaux viennent certainement de l'ancien banquier suisse et économiste François de Siebenthal : « Le Canada n'a aucune limite légale dans la création de monnaie. La seule limite qui existe est de trouver un

---

3. Paul Krugman, « Stable Prices and Fast Growth Just : Say No », *The Economist*, 31 août 1996.

imbécile qui est disposé à signer un contrat de prêt et qui doit racler toute sa vie pour rembourser ce montant[4]. »

LA PRÉTENDUE SOLIDITÉ
DES BANQUES CANADIENNES

Il est vrai que les banques canadiennes sont parmi les rares à n'avoir été ébranlées que superficiellement par la crise financière mondiale de 2007-2008. Mais, de grâce, arrêtons de n'y voir que le résultat d'une gestion judicieuse et appropriée. Les règles canadiennes encadrant les leviers spéculatifs auxquels peuvent recourir les banques pour leurs bénéfices sont tout simplement beaucoup plus sévères. Il était donc légalement interdit aux banques canadiennes d'être aussi *gamblers* que leurs voisines américaines et européennes.

Selon le palmarès le plus récent des institutions bancaires les plus sûres au monde établi par le magazine *Global Finance*[5], les neuf premières places reviennent à des entités européennes. La Toronto-Dominion occupe le dixième rang, la RBC est en vingtième position, Desjardins se classe trente-quatrième, Scotia trente-huitième, BMO quarantième et la CIBC quarante-troisième.

À l'exception de la TD, toutes ces banques ont reculé de quelques rangs depuis la dernière évaluation. À noter qu'en 2016, la Banque Nationale du Canada a été exclue du club sélect des cinquante banques les plus sûres au monde.

Pour classer les banques, *Global Finance* se fonde sur divers critères : la croissance des actifs, la profitabilité, l'ampleur des relations stratégiques, le service à la clientèle, la compétitivité des frais bancaires et la capacité

---

4. *Ibid.*
5. Andrew Cunningham, « World's Safest Banks 2016 : Global Top 50 », *Global Finance Magazine*, novembre 2016.

d'innovation. Il tient également compte de l'opinion des analystes financiers, des évaluations des agences de notations et de diverses parties prenantes de l'industrie.

Dans les dernières journées de l'été 2016, La Banque des règlements internationaux (BRI) de Bâle, en Suisse, a publié un rapport[6] inquiétant sur l'endettement en Chine. La « banque des banques » estimait à l'aide d'une équation complexe que l'écart entre son ratio dettes/PIB et la tendance à long terme de la Chine atteignait des niveaux jamais vus et inquiétants. À 30,1 %, la situation de la Chine est pour le moins préoccupante : lorsque le ratio dépasse 10 %, on considère déjà que c'est une menace pour le système financier d'un État.

Mais la BRI ne pointe pas seulement du doigt la Chine. Sont également concernés la Turquie, la Belgique, le Brésil et... le Canada. Avec un ratio de 12,1 %, la surchauffe économique observée chez nous peut entraîner à moyen terme un choc financier dont les effets ne seront pas nécessairement agréables.

Le ciel s'assombrit

Depuis le début de l'année 2015, l'économie canadienne est durement frappée par la baisse du prix du baril de pétrole et d'autres ressources naturelles. Quelques-unes de nos banques ont dû rayer de leurs livres comptables des prêts au secteur pétrolier qualifiés de « viciés », c'est-à-dire estimés difficilement remboursables.

La Banque Nationale a été particulièrement touchée. Depuis 2009, nos banques surfaient sur la croissance des prix des hydrocarbures, ainsi que sur la spéculation immobilière et la reprise économique aux États-Unis. Depuis le début 2016, elles doivent affronter des vents de face si forts que de grands gestionnaires de fonds de pension ou de

---

6. Banque des règlements internationaux, « 86e rapport annuel de la BRI – Juin 2016 », bis.org.

fonds de placement vont jusqu'à recommander de se tenir loin d'elles et de se défaire de leurs titres. Bien sûr, en novembre 2016, la spéculation entourant l'élection de Donald Trump a revigoré sensiblement les actions du secteur bancaire en Amérique de Nord, mais cette poussée soudaine ne repose pas tant sur des données économiques fondamentales que sur l'espérance d'un assouplissement de la fiscalité pour les multinationales.

Plusieurs risques systémiques – notamment la demande pour nos ressources (dont le pétrole), les faibles taux d'intérêt ou l'endettement démesuré des ménages canadiens – pèsent lourd sur la rentabilité à venir des banques canadiennes. Ce sont là quelques-uns des risques qui sont pris en compte par les gestionnaires de capitaux institutionnels, dont les analystes surveillent de près les faits et gestes.

Les analystes s'inquiètent, comme vous et moi, de l'envol des prix dans le secteur immobilier canadien. Les récents ajustements apportés aux règles concernant l'accès à la propriété démontrent que le gouvernement est décidé à ralentir la croissance démesurée des prix des habitations dans les métropoles.

Stephen Groff, gestionnaire chez Cambridge Global Asset Management, considère que la Société canadienne d'hypothèques et de logement (SCHL) pourrait réduire son exposition aux risques de plusieurs façons, notamment en imposant des primes plus élevées, en partageant les risques avec les banques, en réduisant l'exposition brute ou en combinant ces mesures. Si le gouvernement devait suivre certaines de ces suggestions, cela pourrait avoir pour effet de relever le coût des fonds et/ou le montant de capital requis par les banques qui conservent les hypothèques dans leur bilan.

La dernière correction importante du marché de l'habitation au Canada date d'il y a vingt ans. Cela ne signifie pas que nous sommes à l'abri d'une catastrophe.

En période de crise, rappelle Groff, la demande de prêts s'affaiblit et les banques font face à des risques supérieurs liés à la détérioration de la qualité du crédit. Pendant les années plus difficiles, les autorités peuvent obliger les banques à détenir plus de capitaux en réserve, ce qui affecte leur rentabilité. Cela a été observé aux États-Unis après la crise financière de 2007-2008. On observe donc plusieurs drapeaux rouges qui devraient inciter les banques canadiennes à suivre une approche prudente.

L'ancien analyste bancaire Don Crowley a une belle image pour décrire les relations des investisseurs institutionnels avec les banquiers. Comme il aimait le répéter, analyser les activités d'une banque ou y investir, c'est comme cohabiter avec un rhinocéros de deux tonnes. Quand ça va, ça ne va pas vraiment bien, et quand ça va mal, c'est vraiment bestial.

EN RAFALE – L'HISTOIRE DES BANQUES

- Jusqu'en 1942, les banques canadiennes pouvaient mettre en circulation leur propre papier-monnaie.

- À lui seul, le secteur finance représente 36,7 % du poids des dix secteurs qui forment l'indice S&P/TSX de la Bourse de Toronto.

- C'est l'Association médicale canadienne qui a proposé les bases de la création des REER en 1957.

- Les premiers billets de banque canadiens devaient être cosignés par le président de la banque et le caissier qui le remettait au client.

- Le Nouveau-Brunswick et la Nouvelle-Écosse ont déjà eu en circulation une pièce de 0,5 cent.

- L'encre verte utilisée dans le billet de banque américain a été inventée à l'Université McGill en 1957.

- Jusque dans les années 1940, les banques canadiennes émettaient des billets de banque de 6, 7, 8 et 9 dollars.

- La Monnaie royale canadienne a déjà frappé une pièce d'or de 1 million de dollars afin de faire la promotion des pièces d'or de valeur commune. Au prix de l'once d'or, cette pièce géante valait en fait 2 millions de dollars.

- En 2003, une pièce de 1 dollar en argent, frappée en 1911, fut adjugée à l'encan pour 1 million de dollars.

- Le terme anglais *buck*, qui désigne 1 dollar, date de l'époque où les peaux d'orignal et de chevreuil — *a buck* — servaient de monnaie d'échange entre trappeurs.

- Tout l'or extrait des mines du monde pourrait être contenu dans un bloc de 20 mètres cubes.

- Pendant la Seconde Guerre mondiale, les chambres fortes de la Banque du Canada ont abrité des tonnes d'or qui avaient été secrètement évacuées des coffres des banques centrales européennes. Ces dernières craignaient de se faire dévaliser par les nazis.

- En raison d'une pénurie de monnaie en 1685, les cartes à jouer signées par le gouverneur de la Nouvelle-France furent acceptées comme papier-monnaie.

- 100 000 dollars investis dans les actions en Bourse des grandes banques canadiennes il y a trente ans valent près de 5 millions de dollars aujourd'hui, soit un rendement annualisé de près de 14 %.

CHÈQUES, DEVISES ET RISTOURNES

*Les journaux regorgent d'histoires de braves gens pris en otage
à la banque par des gangsters, mais ils restent muets sur les cas,
pourtant plus fréquents, de clients pris en otage pas leur banquier.*
Roland Topor, artiste français

*Les banquiers qui se surveillent entre eux, ça ne m'inspire pas
confiance. C'est comme si des héroïnomanes géraient une piquerie.*
Charles Munger, administrateur chez Berkshire Hathaway

La banque maîtrise l'art de gérer les petites sommes pour les transformer à court terme en milliards. Elle excelle là où le consommateur est le plus négligent, soit dans la gestion des fractions et des dollars au quotidien.

POURQUOI LES CHÈQUES SONT-ILS GELÉS ?

Julien, jeune graphiste de 30 ans, va à sa banque déposer un chèque directement dans le compte de sa collaboratrice. Comme lui, elle est cliente de cette institution financière. Julien n'a jamais fait de chèque sans provision, tous ses impôts sont à jour. Il n'y a pas de saisie ou de retenue au dossier des deux clients. Pourtant, le chèque de Julien est gelé pendant cinq jours ouvrables !

Il me semble qu'il n'est pas difficile pour une institution de vérifier si les fonds sont disponibles dans le compte de Julien. D'où vient donc cette politique archaïque ? Pourquoi est-elle encore en vigueur de nos jours ?

J'ai déjà vécu une expérience aussi absurde en allant déposer un chèque à la banque de mon quartier. J'ai désormais l'habitude d'utiliser le dépôt mobile, une application très pratique qui permet de déposer un chèque en le prenant simplement en photo. Mais comme le montant du chèque dépassait la limite autorisée, j'ai fait comme autrefois : je me suis rendu à la banque en personne. Je n'avais pas d'autre choix que d'aller dans une succursale pour encaisser le montant. Oui, je sais, ça fait très « années 1990 »...

L'air joyeux, j'arrive en sifflotant au comptoir de cette institution de la rue Bernard. La préposée m'informe, à mon grand étonnement, que mon chèque sera gelé, car c'est, semble-t-il, la procédure pour les montants de plus de 2500 dollars. Le fait que ce chèque soit considéré comme moins solvable que la banque m'a bien fait rire : il provenait de l'Agence du revenu du Canada.

On peut déplacer des milliards de dollars en une fraction de seconde sur le marché des devises. Entre elles, les banques s'échangent des fortunes dans le temps d'un bâillement. Mais les choses sont différentes pour le travailleur autonome, le propriétaire d'une PME ou le client fidèle : on gèle son argent pendant cinq jours.

Avant l'arrivée des moyens électroniques, il était normal de geler les chèques aussi longtemps. Cela donnait aux banques assez de temps pour faire la compensation, c'est-à-dire pour vérifier que l'argent se trouve bien dans le compte débiteur. Aujourd'hui, elles n'ont besoin que de cinq secondes pour le faire, mais elles continuent d'immobiliser l'argent des consommateurs pendant une semaine.

Pourquoi geler un chèque aussi longtemps ? Selon l'Agence de la consommation en matière financière du Canada, c'est pour « s'assurer que le chèque est tiré d'un compte valide et que la personne ou l'entreprise qui a libellé le chèque possède effectivement les fonds requis pour couvrir le montant du chèque. » C'est également pour

« s'assurer que la personne ou l'entreprise en question n'a pas fait opposition au chèque. » Faire opposition au chèque signifie que, pour une raison quelconque, la personne ou l'entreprise qui a libellé le chèque s'oppose à son encaissement.

Au Canada, depuis 2012, les banques peuvent geler un chèque pour une période maximale de sept jours ouvrables (sans compter la date de dépôt) s'il est déposé en personne au comptoir. La loi ne les oblige qu'à vous libérer une maigre somme de 100 dollars. Pas même de quoi faire l'épicerie pour une petite famille.

Ainsi, même si les avancées technologiques permettent d'accepter un chèque en quelques millisecondes, les banques et les caisses respectent la loi à la lettre en étirant ce délai au maximum — tout en se moquant souverainement de notre intelligence.

Le gel d'un chèque ne devrait logiquement pas dépasser un seul jour ouvrable. À titre d'exemple, mon service internet me permet de télécharger une saison complète de *Game of Thrones* en HD en quelques heures. Je pourrais me retrouver à Beijing demain matin. Fedex peut envoyer un colis en Tanzanie en une journée. Et voilà une banque qui tente de me faire croire qu'une image de chèque de 30 ko doit voyager pendant cent soixante-huit heures pour se faire compenser ?

La réalité, c'est que les banques accumulent des millions de dollars en intérêts sur le dos des déposants, et ce, avec des sommes qui ne leur appartiennent pas. Et le plus frustrant, c'est qu'elles vont jusqu'à le faire avec les chèques que les gouvernements envoient aux contribuables !

Ce délai ne devrait-il pas être raccourci ? Selon vous, les banques et les caisses abusent-elles ? Si vous en doutez encore, ce qui suit devrait vous éclairer.

Geler des chèques est très lucratif. Dans le monde financier, il n'y a pas de petit intérêt. Chaque cent compte et rapporte. Additionnez tous les capitaux immobilisés pendant cinq jours au cours d'une année, et vous faites une fortune en restant les bras croisés.

Prenons le cas de votre paie. Ne soyez pas surpris de savoir que nos institutions font des pieds et des mains pour enlever des parts de marchés aux sociétés financières de gestion de la paie. Elles salivent devant les revenus des groupes tels que Automatic Data Processing (ADP). Le groupe ADP est un géant mondial coté en Bourse. Pour l'année financière 2015-2016, ADP a réalisé des revenus d'intérêt sur les paies des employés de ses clients d'une valeur totale de 377 millions de dollars. Comprenez-vous comment ?

Chaque lundi, une semaine sur deux, le service de la comptabilité de votre employeur envoie par virement électronique la paie du jeudi. Durant ces deux journées ouvrables, ADP a investi VOTRE argent et celui de vos collègues, puis il vire le montant de votre paie – sans les intérêts générés par les capitaux investis – dans votre compte bancaire. Le groupe obtient ainsi un rendement de 1,7 % en moyenne annuelle. ADP a ainsi dégagé, avec de l'argent qui lui est confié momentanément, près de 380 millions de dollars, soit 27 % de ses bénéfices. ADP est un colosse du secteur, mais il est dix fois plus petit que notre Big Six.

Les ratés du système de paie

Le 1er septembre 2016, le service automatisé de Desjardins qui assure que les paies arrivent bien dans le compte bancaire des intéressés tombe en panne. Exceptionnel ? Non, plusieurs pannes de ce genre sont déjà survenues au cours des onze mois précédents. Ce jeudi-là, les dépôts de paies et de versements gouvernementaux planifiés ne se sont pas arrivés à temps dans les comptes des membres Desjardins. Pour mesurer l'ampleur du cauchemar, il faut se rappeler que l'organisation compte sept millions de membres!

Au-delà de ce chiffre, il faut également être conscient que de nombreuses familles surendettées vivent d'une paie à l'autre. Cela donne un aperçu de tous les ennuis causés par les chèques sans provision ou les transactions bloquées pour insuffisance de fonds à l'épicerie, à la pharmacie ou à la station-service. Ce n'est pas en concentrant toute la finance dans une poignée d'institutions que ce genre de situations pourra être évité à l'avenir. Il ne faut pas mettre tous ses œufs dans le même panier, disait grand-maman. En effet, il serait souhaitable de placer son fonds d'urgence dans une institution différente.

Taux de change et attrape-nigaud

Avant de partir en vacances, ce que je déteste le plus c'est de changer de l'argent. Je suis toujours certain d'être en train de me faire arnaquer.

Faites l'exercice avec moi. Observez le taux quotidien de change des devises. Pour être tout à fait sûr de la validité des chiffres, consultez une source fiable, comme la Banque du Canada. Par exemple, ce matin, pour acheter 1 dollar américain, le taux officiel de conversion est de 1,3117 en monnaie canadienne. Sans perdre un instant, allez sur le site de votre banque et tentez d'acheter 1000 dollars américains.

J'ouvre le site web de ma banque. Chouette, il y a un calculateur de taux! J'entre ma requête. Pour 1000 dollars américains, je dois débourser 1340,80 dollars canadiens. Je dois donc laisser 29,10 dollars dans cette opération.

En l'espace de quelques millisecondes, en un claquement de doigts, la banque vient de gagner l'équivalent du salaire horaire moyen d'un Québécois. Pour quoi? Pour avoir servi d'intermédiaire. Elle n'offre aucune valeur ajoutée ni service complémentaire. RIEN. Vous trouvez cela outrant? Attendez, ce n'est que la partie agréable.

Les choses empirent quand on utilise ses cartes de plastique en voyage. En plus du taux de change standard qui l'avantage, l'institution va camoufler dans l'opération un taux de conversion s'élevant généralement à 2,5 % de la somme, à quoi s'ajoutent des frais de retrait à l'étranger d'environ 3 dollars ainsi qu'une commission, de 3 dollars environ également, qui revient à la banque locale. Ainsi, les 1000 dollars américains que vous aurez obtenus dans un guichet bancaire américain vous coûteront 1371,80 dollars canadiens. Vous venez de perdre, dans cette opération « piège à cons », 60 dollars! Cela représente un plein de carburant aux États-Unis. Ça commence à faire, vous ne trouvez pas?

Où obtenir le meilleur taux de change?

Les meilleures opportunités sont parfois hors des circuits traditionnels. À l'extérieur des grands réseaux bancaires, on exagère moins. Cela vaut pour le financement des PME, pour la gestion de vos placements, pour la capitalisation des intérêts des comptes d'épargne, mais également pour l'achat de devises étrangères.

Les succursales du courtier en devises Globex 2000 vous permettront assurément d'économiser de précieux dollars. Sur le site web du groupe, on peut même calculer AVANT de se déplacer quelle sera la valeur finale après conversion.

Le bureau de change Ultimate Currency Exchange d'Ottawa offre également un taux ultra-compétitif et ne prend aucune commission, dont le montant est ailleurs d'environ 5 dollars par transaction. Vous pouvez faire déposer les sommes converties directement dans votre compte en devises américaines, sans avoir à vous déplacer.

Le champion incontesté est, selon moi, Knightsbridge Foreign Exchange. Rob Wittman, le fondateur et chef de la direction, connaît le secteur, et même très bien. Cet ancien administrateur de la division de courtage des devises de la Banque Royale a renié le monde bancaire dans le seul but d'offrir les meilleurs taux de change possibles aux particuliers et propriétaires de PME canadiennes voulant convertir des montants de plus de 10 000 dollars.

Wittman estimait pouvoir faire mieux que les grandes banques canadiennes, qui accaparent 95 % des parts de marché du courtage de change et dont la marge de profit « camouflée » moyenne est de 2,5 %. Après l'analyse des pages web et des outils de conversion des devises des banques, Knightsbridge établit comme suit la marge des institutions :

RBC = 3,04 %   TD = 3,22 %   BMO = 2,85 %
Scotia = 3,5 %   HSBC = 2,4 %   Desjardins = 3,11 %

Knightsbridge fait effectivement mieux, en conservant une marge moyenne qui n'est que de 1,2 %. Elle ne prend pas de commission et ne facture pas de frais de transfert électronique, peu importe la destination des fonds. Dans tous les cas de figure, les économies engendrées par ce courtier en devises peu gourmand dépassent 190 dollars par tranche de 10 000 dollars.

Le *Toronto Star* a raconté, il y a quelques années, le cas d'un Ontarien qui avait acheté une propriété en Floride pour 224 000 dollars. Les économies qu'il avait réalisées en convertissant ses dollars canadiens en devises américaines atteignaient 3000 dollars. Un montant suffisant pour se payer quelques meubles !

Ce genre de courtier est idéal pour tous ceux qui font des achats importants en dollars américains, pour les entreprises ou pour les personnes qui voyagent fréquemment. Et même pour les gens de la classe moyenne, si

10 000 dollars représentent une somme importante, cela peut valoir la peine à condition de bien planifier ses opérations ou de se mettre à plusieurs.

Cartes de crédit : abonnées aux recours collectifs

Les taux de change pratiqués varient énormément selon les cartes de crédit. Il vaut mieux vous informer longtemps avant la date de votre départ pour l'étranger.

Bien que les cartes de crédit réservent généralement moins de mauvaises surprises, demeurez tout de même vigilant. À une époque pas si lointaine, les banques se servaient des taux de change des cartes de crédit comme d'un *open bar*. Elles modifiaient les conditions sans même en aviser ses clients. Toutes ces pratiques contrevenaient évidemment aux lois québécoises en matière de protection des consommateurs.

En 2014, trois recours collectifs visant les grandes banques et leurs abus se sont soldés par trois décisions unanimes du plus haut tribunal au pays. Les banques se sont débattues contre leurs propres clients jusqu'en Cour suprême. Et elles ont perdu. Elles ont été jugées coupables de ne pas avoir indiqué aux consommateurs leur taux de conversion de devises sur les cartes de crédit utilisées en voyage[7].

Parmi tous les arguments invoqués auprès de la Cour pour justifier ces pratiques, le plus loufoque qu'elles ont tenté de lui faire avaler était qu'elles étaient de charte fédérale alors que les lois de protection des consommateurs sont provinciales. À les croire, elles pouvaient donc rester dans la zone grise de la législation pour l'éternité, sans conséquence. Cela n'a pas convaincu les juges.

Les banques ont également soutenu qu'on les accusait de ne pas dévoiler tous les détails de leurs frais de crédit,

---

7. Stéphanie Marin et La Presse canadienne, « Frais de conversion : La Cour suprême donne raison aux consommateurs contre des banques », *Le Devoir*, 20 septembre 2014.

mais que leur taux de conversion n'était pas un frais de crédit. Puisque la loi ne donnait aucune définition de ce qu'était ce taux, il n'était pas nécessaire d'informer le consommateur à ce sujet, ni de l'aviser qu'on y recourait... avant de le lui soutirer dans son dos et sans son consentement !

Résultat, BMO, Banque Nationale, Citi, TD et Desjardins ont dû sortir leur chéquier.

La mafia du Forex

Le Forex est le nom qu'on donne au marché mondial des devises (d'après *Foreign exchange market*). Quotidiennement, on y échange environ 5300 milliards de dollars. Le Forex était censé être la Bourse la plus volumineuse, la plus transparente et la plus immunisée qui soit contre toutes formes de tricherie. Si on l'a cru, on ne le croit plus.

En 2016, les mastodontes de la finance mondiale ont dû payer une amende faramineuse de 10 milliards de dollars pour des manipulations présumées du marché des changes[8]. JPMorgan Chase, Citigroup, Barclays HSBC, RBS et UBS ont choisi de payer ce montant plutôt que de s'exposer à des procès interminables. Toutes ont trempé dans une sale combine consistant à manipuler à grande échelle les taux de change des devises, qui les enrichissait au détriment des plus petits joueurs et des consommateurs.

De 2008 à 2013, les acteurs de ce film à suspense se sont entendus pour échanger des informations confidentielles sur leurs clients et ont sciemment abusé du système. Les opérateurs de transactions (traders) avaient compris que, chaque jour, durant les dernières secondes de négociation, ils pouvaient arriver à imposer des valeurs de conversion (taux de change) qu'ils avaient préétablies. Ils fixaient ainsi des valeurs qui les favorisaient et généraient ainsi des profits

---

8. Latribune.fr et AFP, « Scandale du Forex : cinq banques mises à l'amende, dont UBS et JPMorgan », 12 novembre 2014.

mirobolants. Certaines opérations rapportaient des dizaines de millions... par jour.

Les grandes banques ne pouvaient pour rien au monde se permettre de se rendre en cour. La preuve était en béton, car la poursuite avait réussi à récupérer les conversations édifiantes des traders qui se tenaient sur des services de messagerie et des chats. On lisait dans les transcriptions les félicitations que s'adressaient les traders après avoir réussi de gros coups fumants, ou leurs craintes de se faire prendre. Ils qualifiaient leur petit gang de « Dream Team », « La Mafia » ou « Le Cartel ». Aucune accusation criminelle n'a été déposée.

LA RISTOURNE EST-ELLE ENCORE NÉCESSAIRE ?

À part quelques initiatives de nature un peu plus communautaire, il est assez difficile de dire en quoi le Mouvement des Caisses Desjardins diffère des six grandes banques canadiennes. Les frais de gestion de Desjardins sont équivalents, voire plus élevés, le personnel n'est pas plus chaleureux qu'ailleurs, les solutions d'investissement ne sont pas plus élaborées. Le souci d'objectivité et la volonté d'agir dans l'intérêt fondamental de la clientèle n'y sont pas mieux respectés.

Il semble toutefois subsister une différence de taille : la ristourne. À la fin de chaque exercice financier de la coopérative, de 20 % à 25 % des excédents dégagés sont redistribués aux membres sous la forme d'une ristourne. Plus un membre utilise les produits et services de sa Caisse, plus importante sera sa ristourne. Les prêts hypothécaires et les prêts personnels, les dépôts à terme, REER et CELI, et les parts de fonds de placement entrent dans ce calcul.

Les ristournes sont versées à trois conditions : la Caisse doit avoir dégagé des excédents, sa capitalisation (ses réserves financières) doit être assez importante, et les membres doivent avoir donné leur accord lors d'une assemblée générale.

Plusieurs membres m'ont confié que le principe des ristournes est archaïque et totalement inefficace. Voici ce qu'en dit Sylvain, membre du Mouvement depuis vingt-huit ans : « La ristourne est une partie de mon argent qui m'a été prélevé en trop au guichet, sur mon hypothèque et dans mes REER. J'aimerais mieux que la supposée efficacité du mouvement coopératif me soit reversée dès maintenant. Pour l'instant, je constate qu'ils sont moins compétitifs et que la ristourne diminue d'année en année, alors que la paie de la haute direction augmente ! »

Une petite vérification d'usage portant sur le portefeuille de fonds communs de placement de Desjardins semble lui donner raison. Sur 358 fonds Desjardins répertoriés par la firme de recherche indépendante Morningstar, seuls 4 fonds obtiennent la mention de 4 ou 5 étoiles. Quatre fonds sur 358, cela donne un ratio d'excellence de 1,11 %...

Quant aux rendements et aux frais, regardons-les de plus près. Le plus gros fonds commun de placement de la coopérative est le Fonds d'obligations canadiennes, avec 4,2 milliards de dollars d'argent des membres. Morningstar ne lui octroie que 2 étoiles. Pensez à la notation des « tout-inclus » dans les Caraïbes. Est-ce que vous vous précipiteriez dans un hôtel 2 étoiles ? Moi non plus.

Depuis quinze ans, le Fonds d'obligations canadiennes a rapporté en moyenne 3,82 % annuellement à ses porteurs de parts, soit 0,61 % de moins que la moyenne de la catégorie. Pour vous donner une idée de la différence, prenons cet exemple. Si j'avais investi 100 000 dollars il y a quinze ans dans ce fonds Desjardins, j'aurais aujourd'hui 175 475 dollars dans mon compte. Mais si les représentants de Desjardins avaient défendu mes intérêts en me vendant un fonds ordinaire rapportant autant que la moyenne (soit 4,43 % de rendement), la valeur de mon compte atteindrait

191 592 dollars. L'écart est de 16 117 dollars. Est-ce que la ristourne a comblé cette différence ? J'en doute.

Le plus gros fonds Desjardins est jugé inférieur à la moyenne en termes de rendements et supérieur en matière de risque. En ce qui concerne son ratio de frais, à 1,69 %, il est dans la moyenne.

Le deuxième fonds en importance du groupe, le Portefeuille Diapason Croissance Diversifié, rassemble 2,7 milliards de dollars. Il n'est pas mieux que le précédent, coté lui aussi 2 étoiles seulement. Depuis sa création, il a rapporté 5,94 % annuellement, alors qu'un fonds de la même catégorie rapporte en moyenne 7,21 %.

DESJARDINS EST-ELLE DEVENUE UNE BANQUE ?

Il fut un temps où les publicités du Mouvement Desjardins vantaient l'organisation en concluant : « Ceci n'est pas une banque... » ou « Nous sommes plus qu'une banque ! » Cette époque est révolue. Aujourd'hui, Desjardins se fait plutôt un point d'honneur à souligner que le Mouvement est bien classé dans les palmarès saluant la solidité de banques à l'échelle internationale.

Moi aussi, j'ai une relation d'amour-haine avec Desjardins. J'ai un compte dans cette coopérative depuis maintenant quarante-six ans. Ce n'est pas une blague, j'étais en première année lorsque j'ai ouvert mon compte scolaire. Même si l'envie me passe souvent par la tête, je n'arrive pas à fermer mes comptes d'affaires et personnels. Remarquez que j'ai aussi des comptes dans une banque virtuelle.

J'en veux à cette formidable institution de se prendre pour une banque. Je lui en veux d'avoir copié les défauts des banques et de n'avoir pas su imiter leurs qualités. Elle a beau se maquiller en vert, ses fonds de placement et ses produits d'assurance sont très ordinaires.

Il y a quelques années, étonné de voir la presse critiquer aussi régulièrement les Caisses Desjardins, j'ai demandé à mes abonnés des réseaux sociaux ce qu'ils en pensaient. Ils n'y ont pas été avec le dos de la cuillère. Tout y est passé. Les reproches touchaient surtout les points suivants : fermetures sauvages ou camouflées[9] des caisses et comptoirs en région, heures d'ouverture inadaptées, salaire démesuré de l'ancienne présidente, frais financiers plus élevés que la moyenne, prêts plus difficiles à obtenir qu'auprès d'une banque, rotation élevée du personnel, compétence discutable du personnel au comptoir, connaissance limitée des placements concurrents, etc.

J'ai donc demandé à André Chapleau, le directeur principal de la région de Montréal chez Desjardins, de m'expliquer pourquoi la coopérative financière semblait avoir perdu les faveurs du public. Selon lui, avec des millions de membres, cela révèle davantage de la perception.

« Nous ne prenons pas le tout à la légère. Faut-il en conclure que tout est beau pour autant ? Bien sûr que non. Nous devons reconnaître que, dans certaines circonstances, nous aurions sans doute pu faire mieux. Les consommateurs sont aujourd'hui de plus en plus exigeants envers leur institution financière. Si nous ne répondons pas pleinement à leurs attentes, ils iront voir ailleurs. Nous en sommes bien conscients. J'estime honnêtement que, si autant de membres nous font confiance, c'est qu'ils trouvent en Desjardins une institution financière qui sait bien les servir, qui a une offre de service compétitive, qui contribue à l'essor économique de leur région et qui possède un modèle de gouvernance qui les attire. La formule coopérative a en effet ses avantages, notamment de permettre à quiconque le souhaite de siéger au conseil d'administration de sa caisse, d'acquérir des connaissances dans la gestion

9. Jean-François Bégin, « Fermeture de points de service Desjardins : la grogne ne s'estompe pas », *La Presse*, 15 mai 2015.

d'une institution financière et de comprendre la complexité de ses rouages. »

« En somme, et au risque de me répéter, nous ne prétendons pas à la perfection, mais nous sommes d'avis, à la lumière de sondages menés auprès de nos membres, que ceux-ci sont globalement satisfaits de notre prestation de service. Pouvons-nous faire mieux ? Assurément ! Et nous y travaillons. »

Des CPG non compétitifs

Les certificats de placement garanti (CPG) sont parmi les produits les plus populaires chez la clientèle âgée. Ce sont des produits faciles à comprendre et pas compliqués pour deux sous. Sur le site internet cannex.com, on peut comparer les taux en vigueur dans plus d'une cinquantaine d'institutions.

Les garanties du capital et les protections offertes sont identiques dans toutes les institutions. La seule chose qui est variable – et qui différencie donc ces organisations –, c'est le taux versé aux clients. Si l'on compare le CPG cinq ans fermé au marché, les taux varient entre 1,25 % pour la CIBC et 3 % pour la banque Home Capital. Avec un taux de 1,5 %, Desjardins n'est pas dans le peloton de tête, c'est évident. Parce que je peux trouver mieux et moins cher sur le marché, je serais incapable de recommander leurs fonds et leurs certificats.

Et si Desjardins abolissait la ristourne pour affecter immédiatement une plus grande part de ses excédents aux taux des prêts, des dépôts, et aux frais des fonds et autres produits ? Les caisses favoriseraient-elles mieux l'intérêt de leurs membres ? Je le crois.

EN RAFALE – CHÈQUES, DEVISES ET RISTOURNES

- Desjardins emploie 47 000 travailleurs.

- La Deutsche Bank, la première banque allemande, est le plus important courtier en devises au monde et accapare près de 15 % du marché.

- Chaque chèque que vous déposez sera retourné à la banque du signataire.

- Même si vous faites opposition à un chèque que vous avez émis, il est possible que le montant soit quand même débité de votre compte.

- En 1902, il n'y avait que deux courtiers en devises à Londres.

- Au fur et à mesure que les actifs des caisses et la paie des dirigeants augmentent, les ristournes de Desjardins diminuent. Après avoir atteint un sommet de 492 millions en 2007, elles ne sont plus que de 144 millions de dollars.

- La rémunération des grands patrons de Desjardins a fait un bond de 40 % entre 2015 et 2016, et dépasse les 30 millions de dollars.

- Le chèque le plus ancien qu'on a pu retracer a été émis en février 1659 à Londres. Un certain monsieur Vanacker paya 400 livres sterling de l'époque à un dénommé Delboe. La somme correspond à 71 000 dollars d'aujourd'hui.

- L'utilisation des chèques est en chute libre. Les paiements par dépôt direct font diminuer la circulation des chèques de 15 % annuellement.

- Le dollar américain accapare 87 % du volume quotidien des échanges de devises au Forex.

- C'est en 2003 que la carte à puces a commencé à remplacer la carte à bande magnétique.

- Selon le *Livre Guinness des records*, la somme la plus importante jamais payée par chèque est de 4 milliards et 71 millions de dollars des États-Unis. Ce chèque scellait, en 1995, la fusion des sociétés Glaxo et Wellcome Trust.

LES ASTUCES MARKETING DES BANQUES

Vous êtes en enfer si vous êtes dans une banque. Vous êtes au paradis, si vous êtes de l'autre côté du comptoir.
Antony T. Hinks, conseiller de la banque Goldman Sachs

La publicité, c'est 85 % de confusion et 15 % de commission.
Fred Allen, humoriste américain

En scrutant les rapports financiers 2016 des six plus grandes banques canadiennes, on constate que leurs dépenses en communications, en publicité et en marketing ont atteint la somme vertigineuse de 3,8 milliards. La Banque Scotia s'attribue la part du lion avec un budget fracassant 1 milliard de dollars.

Les institutions financières représentent une manne extraordinaire pour les publicistes, relationnistes et faiseurs d'images. Mais n'allez pas croire que cela se limite à des annonces traditionnelles dans les journaux, à la radio ou à la télé. Non, cela va bien plus loin. Tout est savamment étudié et conçu pour vous faire consommer LEURS produits et services financiers.

Les logos et les couleurs des banques sont tout sauf le fruit du hasard. Rien n'est improvisé, tout est relié à la perception. Comme les couleurs sont associées aux mêmes émotions pour à peu près tout le monde en Occident, les mêmes tons reviennent souvent dans la communication des banques.

Le noir symbolise le luxe, et cela vaut autant pour le chocolat que pour la carte de crédit VIP Banque Privée. Le rouge de la Banque Nationale et de la Scotia évoque le pouvoir. Le vert de la TD et de Desjardins est apaisant et invite au calme. Le bleu qu'on retrouve dans le visuel de la RBC et de la BMO est associé par plusieurs à la confiance. Quant au jaune de la CIBC et de la Laurentienne, il est synonyme de joie de vivre et d'acceptabilité.

Le mobilier, la couleur des comptoirs, le type de couvre-plancher, les écrans, etc., tout est pensé et prévu dans le but de fidéliser la clientèle existante, mais également en fonction de la clientèle qu'on souhaite attirer. La Banque de Montréal a étudié la question pendant sept ans — vous avez bien lu, pendant quatre-vingt-quatre mois ! — avant de transformer ses succursales canadiennes et son vaisseau amiral de Toronto.

Le résultat est saisissant. Même si vous n'êtes pas client de la BMO, vous resterez bouche bée en déambulant dans le décor de son siège social de Toronto, au coin des rues Bay et King. Couvrant 21 000 pieds carrés, l'endroit répond aux trois exigences des stratèges : démystifier l'expérience bancaire et la signification de l'argent ; utiliser un langage et une terminologie moins techniques et plus populaires ; tenir compte des relations de longue date et des besoins transactionnels immédiats[10]. Chaque recoin a été imaginé dans un dessein unique : influencer les comportements des consommateurs.

Depuis longtemps, l'ambiance des banques a quelque chose d'intimidant pour le client : il s'y sent épié, mal à l'aise, peu à sa place. Le nouvel environnement conçu par la BMO a changé la donne. Lors de ma visite en mai 2017, les lieux m'ont semblé si modernes qu'on se serait cru dans l'univers du film Le cinquième élément, tout en restant accueillants et en favorisant un climat de confiance, et le client avait même l'impression de pouvoir y contrôler sa

---

10. Marjorie Mackenzie, « Consumer Research Improves Bank Branch Design », *The Financial Branch*, 21 septembre 2015.

destinée financière. Fauteuils confortables devant les comptoirs épurés, tablettes électroniques à la portée de tous, conseillers mobiles se déplaçant entre l'accueil et les salons privés... rien à voir avec l'ambiance des banques d'autrefois.

Selon Mathieu Bédard, président de l'agence de publicité Camden, la dématérialisation des succursales représente l'avenir pour l'ensemble des banques traditionnelles. On veut que les gens consomment le plus de produits en ligne possible. « Les succursales rapetissent et prennent l'aspect de boutiques. Chacune remodèle son image et se rajeunit. On voit des publicités et un marketing plus audacieux. On tente de rejoindre les milléniaux. »

Après tout, une fois fidélisés, ces milléniaux vaudront leur pesant d'or, d'autant qu'ils hériteront de leurs parents. « La dernière campagne de RBC durant les Olympiques fut particulièrement réussie. Le petit bonhomme a pris le bord. On l'a remplacé par quelque chose de plus proche des aspirations des gens... de leurs rêves, de leurs défis. »

Monsieur Bédard croit que la Banque TD a joué un rôle de précurseur : elle aurait forcé les autres banques à devenir plus agiles en adoptant de nouvelles approches. Par exemple, pendant plus d'un siècle, les heures d'ouverture sont restées uniformes dans toute l'industrie : de 10 heures à 15 heures, du lundi au mercredi, le jeudi jusqu'à 19 heures et le vendredi jusqu'à 18 heures. TD a surpris tout le monde en prolongeant ses heures et en ouvrant même le samedi.

Les évolutions amorcées ces dernières années vont se poursuivre. Ainsi, le nombre de succursales devrait continuer à diminuer. « On va maintenant décloisonner les différents départements en vue de les rentabiliser individuellement », estime Mathieu Bédard.

Il y a quatre ans, j'ai fait l'expérience d'une de ces idées hors normes. Par un beau samedi midi d'automne, en arrivant dans une succursale de la Toronto-Dominion de Boisbriand, j'ai eu la surprise d'être accueilli avec un morceau de tarte aux pommes chaude à la cannelle. L'odeur emplissait l'entrée de la banque et donnait le sourire à tous les clients.

Le « design olfactif », qui évoque des souvenirs heureux et nostalgiques — comme la tarte aux pommes de grand-maman — a le pouvoir d'améliorer l'humeur. Les clients passent plus de temps dans un endroit qui sent bon. Et ils sont plus disposés à recevoir et à entendre de nouvelles propositions d'affaires.

La Banque TD n'est pas la seule à utiliser le design olfactif : IKEA a compris très tôt que maîtriser l'ambiance sensorielle permet d'augmenter le chiffre d'affaires. Pourquoi pensez-vous qu'ils font cuire des brioches à la cannelle chaque jour ?

La saison des REER est une illusion

Chaque année, dès la mi-décembre, les institutions financières dépensent des dizaines de millions de dollars en campagnes publicitaires nationales pour nous rappeler d'investir dans notre régime enregistré d'épargne-retraite (REER) avant le premier mars. Ne vous laissez pas prendre au piège : ces campagnes publicitaires ont une fonction marketing, tout comme la semaine précédant le « Boxing Day » ou le « Vendredi fou », ou toute autre date choisie par les commerçants pour vous faire dépenser.

Ce battage marketing sans précédent est conçu dans un seul but : promouvoir la « Saison des REER ». Comme le dit le chroniqueur Pierre-Yves McSween : « Il n'y a pas de saison des REER. Ça n'existe pas. Enlevez-vous ça de la tête. C'est une campagne temporelle inventée de toutes pièces. Vous pouvez souscrire à votre REER en tout temps. C'est même le véhicule d'épargne tout-terrain par excellence. »

CERTIFICAT DE PROFITS GARANTIS

Connaissez-vous beaucoup de biens ou services sans frais ? Pas moi. Pourtant, à la lecture des fascicules publicitaires et des encarts de journaux, on pourrait croire que les certificats de placement garanti (CPG) qu'offrent les banques, les caisses et les compagnies d'assurances ne comportent aucuns frais. Si vous avez l'intention d'investir cette année votre REER ou CELI dans un CPG, lisez attentivement ce qui suit.

Les CPG font partie des produits les plus payants pour les institutions financières, et cela contribue formidablement à leur rentabilité lorsque les clients posent peu de questions. Que faisons-nous quand nous déposons de l'argent à la banque ou que nous prenons des certificats ? Nous louons tout simplement notre capital à rabais ! Ce capital, l'institution financière va le confier à l'échelon suivant en lui faisant payer le double de ce qu'elle nous verse en intérêt !

Selon Rory Ronan, analyste financier pour Invesco Canada, il est très éclairant de faire un parallèle entre le taux qu'on nous offre pour un dépôt et celui qu'on nous propose pour les prêts.

Allons par exemple à la banque qui se trouve au coin de ma rue. Pour un CPG de cinq ans non rachetables, elle m'offre un taux que 1,5 % par an. Mais si je désire souscrire un prêt hypothécaire fermé de cinq ans, elle me prêtera mon propre argent en me demandant 4,49 %. Cette banque réalise donc 2,99 % d'intérêt avec MES économies. Vous rendez-vous compte que cet intermédiaire facture 200 % de ce qu'il m'offre en retour ? Quand on sait que le taux d'intérêt d'un prêt personnel peut facilement atteindre les 7 %, cela procure à la banque une marge de 350 %.

Les investisseurs ne font pas d'argent

Les banques et les caisses adorent les clients craintifs, négligents et peu enclins à consacrer du temps à leurs finances. Assembler des CPG ne leur coûte presque rien et aucune supervision des autorités de valeurs mobilières n'est nécessaire. La « Saison des REER » du début de l'année donne lieu à des pressions marketing et à l'apparition de « fausses aubaines » de toutes sortes.

Pendant que les investisseurs se demandent où ils devraient placer leurs REER et CELI, les bonzes de la mise en marché, qui ont scruté toutes leurs habitudes de consommation, rivaliseront d'imagination pour concocter des stratagèmes dans le but de les séduire. Mais il reste encore beaucoup de chemin à faire avant que la plupart des investisseurs gagnent autant d'argent que leur banquier.

Alors que, depuis trente ans, les actions des cinq plus grandes banques canadiennes ont connu une croissance moyenne de 14,6 % annuellement, le rendement annuel réel obtenu par l'investisseur moyen n'a été que de 1,9 %[11]. Comme c'est à peu près le même taux que l'inflation, il n'y a donc eu quasiment aucune croissance.

LA BANQUE ET SES DOUBLES DISCOURS

La grosse machine de marketing de l'industrie financière ne se prive pas pour jouer avec nos émotions. Les agences pondent des campagnes publicitaires et répètent *ad nauseam* le même message en recourant à des termes auxquels le client est sensible, comme *frais, garantie, protection, rendement, perte...*

Jasmin Bergeron, enseignant en marketing financier à l'École des sciences de la gestion (ESG) de l'UQAM, abonde dans ce sens : « Le marketing bancaire est hyper émotionnel. On met en cause de très gros montants d'argent qui représentent plusieurs fois notre salaire annuel. »

---

11. Étude Dalbar, « 2014 DALBAR Quantitative Analysis of Investor Behavior (QAIB) Highlights Futility of Investor Education », 9 avril 2014.

L'argent est au cœur de la sécurité des familles. L'hypothèque, les REEE des enfants, l'assurance, la retraite... sont des questions sérieuses. D'où la facilité avec laquelle l'anxiété peut nous envahir lorsqu'il est question de notre avenir financier.

« La finance est la seule industrie où les gens accourent en masse pour acheter ce qui est trop cher et détalent comme des lapins quand il y a des aubaines, explique Jasmin Bergeron avec une certaine fascination. L'autre jour, un ami très proche me disait que la valeur des actions de la banque qu'il possédait avait baissé et qu'il allait se dépêcher de vendre tous ces titres avant que cela ne baisse trop. L'idée selon laquelle il faut acheter quand les cours sont bas et vendre quand ils sont hauts n'est pas encore bien comprise. »

La prochaine fois que vous lirez ou entendrez une publicité pour un nouveau produit bancaire, soyez attentif. D'après le ton employé, les mots choisis et même la musique de fond, les clients sont tentés de croire qu'il est urgent de changer la répartition de ses placements et de souscrire à tel ou tel nouveau produit miraculeux. C'est ce qu'on veut lui laisser croire, alors que, chaque trimestre, la haute direction de la banque répète le message contraire à ses actionnaires : il faut conserver ses actions à long terme. Lorsque les clients déplacent constamment leurs capitaux, cela entraîne des pénalités, des frais de transfert, et surtout, cela signifie qu'ils ne profiteront jamais des bienfaits prouvés du long terme et des intérêts composés.

Que disent les gestionnaires à succès ? Fuyez les modes ! Quand la foule prend une direction, allez dans la direction opposée. Le légendaire Warren Buffett n'a pas amassé sa fortune de 72 milliards de dollars en suivant le troupeau. « La plupart des gens s'intéressent aux actions lorsque tout le monde s'y intéresse. Le moment de s'y intéresser, c'est lorsque personne d'autre ne le fait. Vous ne pouvez pas acheter ce qui est en vue et réussir. »

Les pubs ne parlent que de FNB indiciels et de faibles frais ? Intéressez-vous plutôt à la cherté des marchés, au rendement qu'un placement procure et à la gestion active. Votre institution recommande un peu trop chaudement ses CPG boursiers et ses fonds supposément « socialement responsables ou éthiques » ? Posez-vous des questions ! D'après vous, qui en profite ?

De 1997 à 2000, on nous a rebattu les oreilles avec les fonds technos et de télécommunications, puis ce fut le tour des fiducies de revenu. Il y a eu ensuite l'époque des billets liés aux marchés et le papier commercial, puis on nous a vanté les titres canadiens de ressources et d'énergie et les fonds négociés en Bourse américains. Maintenant, la pilule financière miracle est prescrite grâce à des algorithmes enfantins. Pourquoi ne pas regarder ailleurs et revenir aux bonnes vieilles méthodes ?

Les décisions financières sont des décisions émotives. Les stratèges commerciaux des institutions le savent mieux que personne. Et pour les déjouer, il faut avoir une bonne constitution, et bien se connaître. Avoir une bonne capacité d'introspection et d'autocritique est nécessaire. Permettez-moi de vous inviter à réfléchir sur le sens que vous accordez à l'argent en vous posant quelques questions simples. Que signifie l'argent pour vous ? Pourquoi voulez-vous en gagner plus ? Combien de millions vous faut-il pour en avoir suffisamment ? Avez-vous déjà fait cette estimation sérieusement ?

LA TENDANCE *DO IT YOURSELF*

Comme il cible la consommation de masse, le marketing financier touche parfois les mêmes cordes sensibles que la restauration, l'ameublement et les centres de rénovation, de type Home Depot et Lowes. Il n'est pas rare que la finance recycle de vieilles idées du commerce de détail.

Souvenez-vous de l'avènement des buffets à volonté. Composer soi-même son repas n'est pas toujours un gage de bonne santé ni d'économies, mais c'est rigolo, surtout avec les enfants.

La paternité du concept des *All-you-can-eat* est attribuée à Herb McDonald, un Canadien de l'Alberta né en 1919. Dans les années 1940, alors qu'il est directeur marketing du casino El Rancho Vegas sur la *strip* à Las Vegas, il remarque, comme plusieurs de ses confrères, que les joueurs compulsifs finissent par quitter les établissements de jeu pour aller se restaurer ou se rafraîchir.

Pour ne pas perdre ses clients les plus accros — et les plus payants —, McDonald prend possession de la cuisine du casino et en rapporte tout ce qu'il y trouve à manger. Toute la nourriture est ainsi présentée sur une grande table installée dans la salle de jeu. Pour 1 dollar seulement, les parieurs pouvaient désormais manger tout ce qu'ils désiraient sans perdre leurs machines des yeux ou quitter la table de black jack. La formule ne visait pas à accroître la profitabilité de la cuisine, mais à attirer la clientèle des autres casinos et à retenir les *gamblers* affamés. La suite, on la connaît. La formule a connu un succès instantané. Elle a été copiée dans tous les casinos de la ville et s'est ensuite répandue à travers tous les États américains.

Pour sa part, au milieu des années 1950, le Suédois Ingvar Kamprad, le fondateur de l'entreprise IKEA, a eu l'idée de réduire ses coûts de production en vendant des meubles à assembler soi-même. La formule est simple : on découpe des formes dans de l'aggloméré de basse qualité recouvert de vinyle ou d'un autre polymère, on emballe les morceaux dans des boîtes de carton, on donne un minimum d'instructions, et on demande aux clients de faire eux-mêmes la part du travail la plus coûteuse, soit l'assemblage. Transport non inclus. Le consommateur en redemande.

Assemblez-vous même votre REER

Les stratèges du marketing financier en sont venus à des réflexions similaires. Désormais, on ne veut plus voir ni accueillir les clients : cela prend trop de temps et les loyers commerciaux sont trop dispendieux. On envoie donc la clientèle sur le web et on lui donne les instructions — qui semblent parfois avoir été rédigées en suédois ! — nécessaires pour assembler soi-même son portefeuille !

Sans s'embarrasser de beaucoup de mises en garde, on offre aux investisseurs de s'occuper de leur portefeuille de placements en faisant eux-mêmes leurs recherches et leurs transactions. Il en résulte une réduction spectaculaire des frais d'exploitation et, en cas d'échec, la responsabilité n'incombe plus à la banque, mais aux clients. Fini l'imputabilité !

Tout y passe, jusqu'aux produits financiers hautement spéculatifs, autrefois réservés aux institutions et professionnels aguerris, qui sont maintenant en vente libre. Des centaines de produits financiers toxiques sont ainsi à portée de quelques clics de tout un chacun. Bien sûr, on s'expose à des dégâts financiers qui sont moins spectaculaires qu'avec les placements dans les produits pharmaceutiques, mais il s'agit ici tout de même de la santé financière des familles.

Toutes les banques canadiennes ont maintenant leur filiale de courtage direct : Disnat chez Desjardins, RBC Placements en direct, Banque Nationale Courtage direct, Placements directs TD, BMO Ligne d'action, Scotia iTrade et CIBC Pro-Investisseurs.

Elles font ainsi directement concurrence à leurs divisions de conseils en gestion de patrimoine, et augmentent de jour en jour les exigences et les pressions qui pèsent sur celles-ci, dans le but d'arriver à terme à faire l'économie des charges sociales et fiscales qui s'imposent pour maintenir des employés en poste dans des succursales.

En faisant la promotion du « *do it yourself* » (DIY) et de leurs plateformes de transactions automatisées, elles prennent le même chemin qu'UBER. Cette multinationale, comme on le sait, fait ses profits avec l'aide de chauffeurs amateurs. Malgré eux, ceux-ci contribuent au financement de la future flotte de voitures autonomes UBER, qui les mettra au chômage. Belle idée, n'est-ce pas ?

Les investisseurs autonomes sont perdants

Isolés, les investisseurs autonomes passent des heures devant leur écran, hypnotisés par les variations intra journalières des bourses mondiales.

Pour augmenter les revenus, on bombarde le client captif de promotions sur les fonds maison et les assemblages de FNB de la banque. Il n'y a plus de conseillers — ou si peu — et le support transactionnel est réduit au minimum, mais les frais qui y étaient rattachés sont toujours facturés au client. L'opération est si payante que les frais sont passés de 50 à 20 dollars par transaction, puis à moins de 10 dollars. Est-ce payant pour l'investisseur ? Pas du tout.

Des chercheurs des facultés de gestion des Universités Davis et Berkeley en Californie et de l'Université de Pékin ont publié une étude sur ce sujet en 2010[12]. Ils ont analysé les comportements et les résultats obtenus par des centaines de milliers d'investisseurs autonomes sur une période de six ans.

Selon les conclusions de l'étude, 98 % des négociateurs sur séance adeptes du DIY perdent de l'argent. Seuls 2 % d'entre eux réalisent des profits plus ou moins importants, une fois pris en compte tous les frais — mais avant impôts et inflation. Ces clients rapportent beaucoup à la firme de courtage à escompte : 40 % d'entre eux abandonnent au bout de quelques mois, 87 % en moins de trois ans, 93 %

---

12. Brad M. Barber *et al.*, « Do Day Traders Rationally Learn About Their Ability ? », octobre 2010.

avant cinq ans, mais 100 % de ces clients ont payé des frais de maintien de compte annuel en ligne, des frais de change de devises — lors d'achat de titres étrangers —, des frais d'intérêt, de commissions et d'administration. Cela confirme le constat de Jasmin Bergeron, pour qui « les gens surestiment beaucoup leur niveau de qualifications en matière de finance et d'économie ».

Le 1er septembre 2016, la filiale de courtage en direct de Banque Nationale annonçait que toutes les transactions sur les fonds négociés en Bourse se feraient dorénavant sans commission. Où est l'attrape ? Il est précisé que l'investisseur devra coter au moins cent actions. À mon avis, la banque a fait le pari qu'elle se renflouera avec les frais d'intérêt sur les achats sur marge, avec les frais administratifs et de gestion de ses propres fonds négociés en Bourse, avec les taux de change, etc. Ne soyons donc pas inquiets pour la banque : elle ne rase jamais gratis.

LA PERSONNALITÉ, UNE MENACE POUR LA BANQUE

Le départ de P.K. Subban de l'équipe des Canadiens de Montréal en a ébranlé plus d'un. Les Québécois n'ont pas seulement perdu un grand défenseur, ils ont aussi perdu un être attachant et très charismatique. Mais quelle mouche a piqué le directeur gérant ? Pourquoi se départir d'une étoile comme Subban ?

Précisément parce que c'est une étoile. Le problème avec les grandes corporations qui carburent aux bonis et aux dividendes des actionnaires, c'est que leurs intérêts passent avant tout et qu'elles doivent rester plus importantes que les humains. Autrement dit, les employés qui ont de la personnalité représentent une menace pour ces organisations.

Des milliers d'admirateurs du Canadien étaient avant tout des admirateurs de P.K. Ils venaient pour LE voir. Les amateurs de hockey commençaient à suivre ses aventures hors de la glace, et sa légende naissait. Voilà ce que déteste une organisation à but lucratif. Elle a besoin d'un talent exploitable ! La personnalité, la générosité, la répartie, le sens de l'humour, la sympathie... ce sont autant d'obstacles à la profitabilité et à une mise en marché efficace. On veut que les gens achètent les produits affichant le logo et les couleurs de l'équipe, mais pas qu'ils privilégient les humains et ce qui les différencie. Les institutions financières sont la parfaite illustration de ce phénomène.

Les grandes organisations qui fonctionnent encore selon le modèle industriel du XXe siècle font passer les processus et la rentabilité avant les besoins du client. Tout est ramené au niveau des processus et analysé en termes de coût de revient. C'est le groupe de discussion du service du marketing qui décide des fauteuils de l'accueil, des couleurs de la mélamine et du café fade offert au client.

L'employé modèle s'efforce de plaire et de ne pas « heurter la masse ». Il ne doit jamais, et sous aucun prétexte, sortir du moule. La personne qui vous reçoit au comptoir est chronométrée. Elle doit vous servir sans dépasser le temps prévu pour cette tâche. *Time is money.* Pas le temps de faire des familiarités, de vous demander quels sont vos rêves, où vous avez passé vos vacances et quel est l'état de santé de votre mère. Vous venez pour un REER, l'employé qui vous reçoit vous parlera de REER, point final.

Vous souvenez-vous du jeune directeur de banque sympathique que vous avez connu il y a quelques années ? Appelons-le Karl. Il vous accueillait avec un regard franc, vous écoutait attentivement, et dégageait de la confiance et de la détermination. Karl réussissait à vous faire parler de vous, vos confidences l'intéressaient sincèrement, et en plus, il était drôle et attachant.

Avec son talent de communicateur et ses compétences financières, Karl exerçait sa profession avec passion et faisait passer les intérêts des clients AVANT ceux de la banque. Devinez ce qui lui est arrivé ? On l'a renvoyé au bout de trois mois. Il consacrait trop de temps aux clients, et cela suscitait la curiosité de ses confrères et consœurs. Les clients venaient à la banque pour le voir, lui. Après son départ, les clients ont commencé à faire des commentaires tels que : « Karl n'est plus là ? », « Non, je ne veux pas quelqu'un d'autre », « Savez-vous s'il travaille dans une autre succursale ? Laquelle ? »

Pour une banque, il est catastrophique de compter une telle personne dans ses rangs. C'est un crime de lèse-majesté, que seul le président peut commettre, et encore. L'individu ne doit JAMAIS l'emporter sur la marque. Si les employés se mettent à avoir de la personnalité, ils finiront par devenir aimables aux yeux de la clientèle, et ils seront alors irremplaçables, c'est-à-dire en position de force pour « partir ailleurs avec des bons clients ».

La direction considère donc ces employés comme des prédateurs potentiels. Lorsqu'elle a affaire à un employé compétent qui sort du moule comme Karl, la direction va soit s'efforcer de le faire plier, afin qu'il cesse d'être une menace, soit le faire grimper à l'étage. On essayera alors d'exploiter ses talents en matière de vente pour qu'il les enseigne à ces collègues, mais sans qu'il côtoie lui-même la clientèle.

Faire passer l'entreprise avant les compétences des employés est le modèle du XXe siècle, comme je vous le disais. Adhérer à cette politique d'entreprise n'a plus de sens au XXIe siècle. Pour mieux servir les clients, je pense sincèrement qu'il faut encourager les employés à s'épanouir et leur inculquer la notion d'intégrité... même quand la solution la plus appropriée pour le client est offerte par le concurrent. Or, jamais les banques n'ont le réflexe d'envoyer leurs clients ailleurs.

HUIT RÉFLEXIONS SUR LE SENS DE L'ARGENT

Seth Godin, ancien vice-président du marketing direct chez Yahoo! et auteur de sa stratégie d'affaires, est d'une perspicacité incroyable. Plus on le lit, plus on l'adore. Il a signé quelques bouquins que vous devriez lire[13], et j'avoue sans gêne que son livre *Devenir indispensable* (Transcontinental, 2010) a carrément bouleversé ma perception du monde du travail et m'a insufflé une sacrée dose d'optimisme quant à mes capacités.

Dans un billet publié sur son blogue il y a quelques années, Godin attaquait de front le rapport que nous entretenons avec l'argent[14]. Voici ce que j'en retiens.

1. La bonne chose à faire est d'emprunter de l'argent dans le but d'en gagner. Au contraire, il est stupide de vous endetter pour payer vos factures ou acheter des objets dont vous n'avez probablement pas besoin. Malheureusement, ce type de décision stupide se cache derrière les statistiques d'endettement des ménages canadiens. Une telle décision est peut-être satisfaisante à court terme, elle a le potentiel de transformer la situation financière de la famille en cauchemar.

2. À l'opposé, rembourser vos dettes aussi vite que possible sera l'une des décisions les plus intelligentes que vous prendrez de votre vie. Pour en avoir le cœur net, demandez à un ami ou à un confrère riche ce qu'il pense des dettes. Il vous confirmera qu'il est avisé de recourir au crédit uniquement si c'est pour acquérir

---

13. *Tous les marketeurs sont des menteurs*, Montréal, Transcontinental, 2006 ; *La vache violette*, Transcontinental, 2006 ; *Go! Lancez-vous*, Gatineau, Trésor caché, 2011.
14. Seth Godin, « Thinking about money », 30 juin 2013, sethgodin. typepad.com.

des biens qui prendront de la valeur avec le temps (immeubles, placements, entreprises...). Ce n'est pas pour rien que les compagnies de cartes de crédit entrent dans la catégorie des sociétés les plus profitables au monde. Comme nous le verrons au chapitre sur les cartes de crédit, l'action de MasterCard inc. a gagné 1440 % en dix ans, alors qu'un bon placement vous permettra seulement de doubler votre mise sur cette même période.

3. Il n'y a pas de différence — pour ce qui est de l'argent qui est dans vos poches — entre « dépenser de l'argent » et « ne pas en gagner ». Il n'y a pas non plus de différence entre « ne pas en dépenser » et « obtenir une augmentation ». En raison des taxes et des impôts, vous valez davantage lorsque vous ne dépensez rien. Par exemple, votre cellulaire, votre connexion internet et votre abonnement au câble vous coûtent peut-être 3000 dollars en tout par année. Cela correspond à 5000 dollars AVANT impôts. En simplifiant : si vous épargnez, vous êtes doublement gagnant.

4. Y a-t-il une dimension émotionnelle dans votre relation avec l'argent ? Si oui, vous venez de mettre le doigt là où ça fait mal. Pour conserver son argent ou en gagner plus, il faut s'en tenir à la logique et aux faits. Avoir peur d'ouvrir ses relevés de REER est une réaction très commune. Pourtant, cela ne changera rien aux chiffres qui se trouvent à l'intérieur des enveloppes. Mais vous négligez peut-être une information capitale qui n'a rien à voir avec vos craintes passagères. Réservez vos émotions aux circonstances où elles comptent et concentrez-vous sur le fait que l'argent est un outil parmi tant d'autres.

5. Comme n'importe quel domaine, métier ou spécialité, le monde de l'argent a son vocabulaire propre. Il ne vous faudra que très peu de temps pour

comprendre ce que signifient des expressions telles que « coût d'opportunités », « investissement », « endettement », « levier financier », « points de base », « bénéfice par action ». Vous rentabiliserez rapidement le temps consacré à cet apprentissage, sans compter qu'on vous mènera beaucoup moins facilement en bateau. Si votre banquier s'aperçoit que vous maîtrisez son jargon, les rôles seront inversés. Vous aurez ainsi acquis un pouvoir supplémentaire de négociation.

6. Ne confondez pas argent et sécurité. Il y a plusieurs façons de rendre votre existence plus sécuritaire, à commencer par les histoires que vous vous racontez, les gens qui vous entourent et le train de vie que vous adoptez. L'argent est bien un des éléments qui vous sécurise, mais il n'y suffit pas à lui seul. Notre attitude face à l'argent entraîne des résultats positifs ou négatifs. Si vous croyez qu'il est pour vous une cause d'ennuis émotionnels, il serait peut-être sage de consulter un thérapeute.

7. À grande échelle, avoir plus d'argent ne rend pas les gens plus heureux ; apprendre comment penser et réagir avec l'argent, si.

8. À long terme, accomplir un travail significatif et important procure plus de bonheur qu'un travail qui est seulement lucratif.

EN RAFALE – MARKETING ET FINANCE

- La banque Toronto-Dominion a plus de succursales aux États-Unis qu'au Canada, dont une sur la célèbre Wall Street.

- Selon la loi canadienne, on peut utiliser au maximum 25 pièces de monnaie pour payer un bien ou un service.

- D'après l'Association des banquiers canadiens (ABC), les Canadiens filent le parfait bonheur avec leur banquier : 84 % d'entre eux auraient une impression favorable des banques au Canada. Et 80 % font confiance à leur banque pour protéger leur confidentialité, leurs renseignements personnels et leurs transactions.

- Les données de l'ABC sont contredites par un rapport indépendant (CapGemini) publié en avril 2016, selon lequel 45 % des Canadiens pourraient changer de banque d'ici six mois, et seul le tiers recommanderaient les services de leur banque à un proche.

- En matière d'accès en ligne et de facilités numériques, les banques canadiennes se classent dans le top cinq mondial, aux côtés des banques des Pays-Bas, de la République tchèque, de la Grande-Bretagne et de la Suisse.

- Seulement 20 % des milléniaux canadiens considèrent leur institution financière comme essentielle à leur vie.

- Pour la seule année 2014, la Banque TD a dépensé 200 millions de dollars en publicité aux États-Unis.

- Les banques TD, Royale et Scotia font partie des cent sociétés mondiales dont les marques ont le plus de valeur.

- Selon l'agence BleuBlancRouge, la publicité « Et si une banque vous faisait grandir » de la Banque Laurentienne intégrant des enfants fait partie des dix pubs qui ont marqué le Québec ces trente dernières années[15].

---

15. « 10 pubs qui ont marqué le Québec », 6 octobre 2013, journalmetro. com.

- 61 % des clients des banques changeraient d'institution si on leur offrait des récompenses personnalisées.

- Six Québécois sur dix font affaire avec la même banque depuis au moins quinze ans.

QUOTAS DE VENTE ET BONUS

De nos jours, la pire erreur que peut commettre un vendeur est de tenter de se faire croire qu'il n'est pas un vendeur. Pour moi, les titres professionnels n'ont pas d'importance. Tout le monde est dans les ventes. C'est la seule manière de rester en affaires.

Harvey MacKay, auteur et homme d'affaires américain

La confiance est fragile. Or, c'est la principale valeur que les banques ont à nous vendre.

À la fin de l'été 2016, la banque américaine Wells Fargo a dû payer une amende de 185 millions de dollars au Bureau américain de protection des consommateurs (CFPB). La Banque a reconnu que ses cibles de vente assorties de bonis et des primes avaient complètement déraillé, nuisant à sa clientèle au point d'aboutir à des frais administratifs pour des comptes bancaires ouverts sans approbation. Le CFPB a démontré que les commis et conseillers affectés au service à la clientèle de Wells Fargo avaient ouvert plus de deux millions de comptes bancaires sans l'autorisation des clients, simplement par appât du gain.

Malgré le congédiement de plus de cinq mille personnes impliquées dans l'arnaque, les clients lésés demeurent outrés. La nouvelle a secoué la presse américaine et l'action en Bourse de Wells Fargo a immédiatement chuté. En une semaine, le titre a perdu 10 % de sa valeur, effaçant 16 milliards de dollars de la capitalisation totale de l'institution fondée en 1852.

N'allez pas croire que cette forme de probité élastique a cours uniquement au sud des Grands Lacs. Nos banques, elles aussi, ont été créées à l'époque du Far West et de la ruée vers l'or. La politique de bonis et de quotas qui engendre des pratiques inappropriées est bien plus répandue qu'on ne le soupçonne.

En mars 2017, l'émission *Go Public* diffusée à la CBC a révélé que certains caissiers et conseillers de la Banque TD ont été forcés de mentir aux clients et, pire, d'enfreindre les lois afin de remplir des quotas de vente insoutenables, sous peine de se faire congédier[16]. Les révélations de ces employés ont choqué tous les clients et actionnaires de l'institution. Cette secousse sismique a ébranlé l'action en Bourse de la TD. Le 10 mars 2017, le titre a décroché de 5,5 %, une chute effaçant d'un seul coup plus de 800 millions de dollars en valeurs.

Une culture commune

Je n'ai pas été surpris outre mesure en apprenant cette nouvelle. Ce qui m'a étonné, c'est plutôt qu'il ait fallu autant de temps avant qu'elle soit rendue publique. J'entends ce genre d'histoire de ventes à pression depuis bientôt vingt ans, et la TD est loin d'être la seule à presser ses employés comme un citron. Nous sommes aujourd'hui témoins des effets pervers de la culture bancaire canadienne.

À la suite de la diffusion d'une première émission *Go Public* sur le sujet, la CBC a été inondée d'appels et de messages de conseillers de TOUTES les grandes bannières bancaires canadiennes qui affirment vivre une pression excessive. Mille courriels ont été reçus en une seule semaine, qui tous dénoncent l'existence de telles cibles de ventes et

---

16. Erika Johnson, « "We do it because our jobs are at stake" : TD bank employees admit to breaking the law for fear of being fired », *CBC News,* 10 mars 2017, cbc.ca.

corroborent les témoignages des employés de la TD : des histoires dignes de mauvais films.

La journaliste Erica Johnson a notamment évoqué le cas d'un ancien planificateur de la BMO qui a démissionné après une crise de panique. Sa patronne l'avait menacé de nuire à sa carrière s'il n'atteignait pas ses chiffres de vente. Elle lui avait également enjoint de cacher à ses clients qui souhaitaient investir dans les marchés que ceux-ci étaient en baisse. Si les clients choisissaient la sécurité en optant pour des certificats de placement garanti, ce serait moins lucratif pour la Banque de Montréal...

La journaliste a également relevé que de nombreux employés, affectés par le stress continuel qu'ils subissent, doivent prendre des congés pour cause d'épuisement professionnel ou d'autres maladies, ou même tirer purement et simplement un trait sur leur carrière.

Vous comprenez sans doute mieux à présent pourquoi il y a une telle rotation de personnel à votre caisse ou à votre banque.

Les cibles de ventes nuisent aux clients

Voici ce que confiait en décembre 2016 Jacques Forest, professeur à l'École des sciences de la gestion (ESG) de l'UQAM, à Conseiller.ca en décembre 2016 : « Il y a beaucoup de littérature scientifique qui démontre que les incitatifs purement financiers, comme les bonis, ou encore les mesures de contrôle, comme les quotas de vente, aboutissent souvent à des conséquences fâcheuses. Ils favorisent la quantité au détriment de la qualité ou de l'intérêt des clients et encouragent des comportements peu souhaitables, voire carrément le contournement des règles. »

Nos six grandes banques canadiennes réalisent un profit annuel cumulé de près de 40 milliards de dollars. Il faut bien que cet argent vienne de quelque part, et il est pris dans les poches de leurs clients. Les frais abusifs, les pénalités, les commissions, les retenues, les charges s'additionnent et nous saignent tous collectivement.

Que faire pour ne pas être victime de pratiques abusives ? Gardez en tête que les services financiers sont des produits de consommation. Cela signifie que tout employé d'une institution financière doit vous « vendre » quelque chose pour conserver son emploi, et il vous vendra en priorité ce qui enrichit son employeur. Quant à vous, faites comme lorsque vous vous apprêtez à acheter un véhicule ou une thermopompe : soyez méticuleux et MAGASINEZ !

Le conseiller sans le sou

J'ai connu Guy en 2000, à l'époque où mes trois garçons jouaient au hockey. Comme lui, j'ai dû m'investir en tant qu'entraîneur adjoint. Et comme le coach s'absentait de plus en plus, je suis devenu entraîneur-chef comme on devient chroniqueur économique : par la force des choses.

Même si Guy était entraîneur d'une équipe adverse, nous avons fraternisé. En 2003, il était alors conseiller en placement pour une banque québécoise. Il aimait beaucoup sa profession, mais cet amour n'était pas aussi réciproque qu'il l'aurait voulu. Guy avait trois enfants et tirait le diable par la queue. Il roulait dans une vieille Dodge Caravan rouillée. Défraîchie, mais assez spacieuse pour transporter son trio, l'équipement en lambeaux et les trois paires de patins dignes de l'époque de Maurice Richard. Je ne comprenais pas pourquoi un confrère conseiller qui travaillait pour une institution de renom, où il gérait un actif de plus de 40 millions de dollars pouvait être aussi serré financièrement.

Il y a maintenant dix ans, presque jour pour jour, Guy m'a annoncé avec soulagement qu'il avait quitté la banque pour devenir contrôleur financier dans la PME d'un ami.

Il avait goûté à la médecine des quotas. Il devait rapporter au minimum 200 000 dollars de commissions brutes par année. Puis, rapidement, la barre a grimpé à 250 000, puis à 300 000 dollars. On me dit qu'aujourd'hui, la norme chez les courtiers en valeurs mobilières avoisine 500 000 dollars...

Techniquement parlant, Guy devait rapporter 200 000 dollars en commissions annuellement, et il conservait pour lui 30 % de cette somme. La banque accaparait donc déjà 140 000 dollars, mais c'est bientôt devenu insuffisant. Elle a fait pression pour qu'il vende les produits les plus payants à ses clients, ou qu'il multiplie les opérations de vente, achat et échange pour générer le plus de commissions payantes. Ironiquement, la prudence de Guy était très appréciée de sa clientèle. Il a dû la troquer contre une compensation symbolique.

Aujourd'hui, je repense à lui en me disant que les régulateurs manquent une belle occasion de s'attaquer au vrai problème. Quotas, pressions, bonis et cadeaux sont incompatibles avec les intérêts des clients, mais on choisit de détourner les yeux du problème. Pour l'instant.

LES VENTES AVANT TOUT

Le principe des quotas dessert très mal le public. Par exemple, si le marché est morose et recule depuis des semaines, la pire chose à faire est de vendre ses titres boursiers. Mais comme l'employé de la firme de valeurs doit atteindre sa cible de commissions, il doit trouver de nouveaux clients pour entrer dans le marché, même s'il n'y croit pas.

L'employé veut simplement conserver son travail. Après avoir sondé ses candidats potentiels, s'il ne se trouve pas de nouveaux investisseurs crédules, il fera le tour de sa clientèle et l'incitera à vendre et à racheter n'importe quoi afin de maintenir sa cible de production.

Le vendeur en début de carrière aura un taux de commission inférieur à 30 %. S'il génère 400 000 dollars en commissions, 120 000 dollars lui seront destinés et la banque conservera le reste. Déduction faite de ses frais de bureau, de ses impôts et de ses autres dépenses, il lui en restera peut-être 70 000.

Comme si cette mécanique de « vendeur de poufs usagés » n'était pas suffisamment ridicule, il arrive très souvent que les conseillers en valeurs rattachés à une banque doivent offrir des produits complémentaires sans lien avec leurs activités, par exemple recommander des clients au service des prêts hypothécaires ou encourager la souscription de cartes de crédit.

Qui a pensé aux cibles ?

Qui est le génie qui instaure les cibles et les quotas ? Il est très haut placé. Juste en dessous de Dieu le Père. Lors d'un conseil d'administration de la banque jaune, bleue, rouge ou verte, les administrateurs discutent de la rentabilité de l'institution et de toutes les possibilités d'augmenter le rendement aux actionnaires.

Pour que vous compreniez mieux comment les choses se passent, voici un extrait fictif, de ce qu'on entend pendant un conseil d'administration.

— Victor, combien la division des prêts aux entreprises pétrolières et gazières a-t-elle rapporté au cours des douze derniers mois ?

— Ça ne va pas très bien, Mortimer. Nous n'avons plus de croissance et, pire, nous devons prendre des provisions pour mauvaises créances.

— Avons-nous une ou deux activités aux îles Caïmans ou à Nassau que nous pourrions vendre pour compenser cette perte de croissance et calmer les actionnaires et les journalistes ?

— C'est déjà fait.

— Hum. Comme les ventes des hypothèques ralentissent et que le ministre des Finances tarde à me rappeler, nous devons augmenter les ventes autrement.

Douglas se verse une tasse de thé Panda Dung et lève la main.

— Excusez-moi, Mister Chairman ? Je dois vous dire que nous pouvons encore augmenter les ventes en *wealth management* dans l'est du Canada. C'est le seul marché canadien qui n'est pas mature. Nous pouvons augmenter nos parts de marché de 5 % et générer au moins 2 milliards de dollars de revenus additionnels.

— Excellent. Alors, nous convenons que notre cible de douze mois pour la valeur de l'action est de 60 dollars. Avant de lever la séance, nous allons écrire au VP régional de l'est et lui demander d'augmenter la cible de vente de ses équipes de 10 %. Ainsi, il nous rapportera au moins 7,5 %. Nous allons lui verser des *stock-options* supplémentaires pour chaque trimestre où la croissance des ventes excède 2 %, et il pourra octroyer des bonis supplémentaires aux directeurs de succursales des territoires les plus performants.

Et c'est ainsi que les objectifs cibles du cours de l'action en Bourse de la banque sont devenus des objectifs régionaux, qui ont ensuite été décomposés en objectifs de vente de fonds communs de placement, de fonds négociés en Bourse (FNB), de paniers de titres, etc.

À l'égard des clients, cette pression va prendre plusieurs formes. On va dans un premier temps consulter les soldes de votre compte de banque, et si vos avoirs sont moindrement importants, on insistera pour que vous rencontriez un conseiller ou un directeur. On pourra aussi vous offrir des taux promotionnels pour votre CELI, taux qui ne durent que le temps des roses, vous proposer de vous inscrire à un tirage permettant de gagner un prix en argent ou des gadgets électroniques... On pourra même utiliser des tactiques fort discutables. Il y aura toujours une idée cachée derrière ces manœuvres.

Se faire retenir par un chèque

Il y a trois ans, Anne-Marie, de Rosemère, m'a contacté pour me raconter son histoire.

« Mon mari et moi avons accumulé un bon montant hors des REER. Récemment, nous avons fait la rencontre d'un conseiller d'un cabinet privé qui nous a fait un plan de retraite très judicieux. Constatant que nos placements génèrent beaucoup trop de revenus imposables, ce dernier nous a proposé de répartir nos actifs de façon prudente entre trois grandes sociétés de placement. »

« Le directeur de notre banque à Rosemère, qui ne veut pas nous perdre comme clients, nous a offert 12 000 dollars, qu'il déposera dans notre compte chèque si nous investissons plutôt nos économies dans les fonds communs de placement de son institution. Nous hésitons, car il veut que nous signions chez le notaire un document nous engageant à rester dans sa banque pendant cinq ans et à garder le silence sur cette entente. Est-ce une bonne affaire ? »

Non seulement ai-je suggéré à Anne-Marie de ne rien signer, mais je l'ai également invitée à contacter sur-le-champ l'Autorité des marchés financiers et à déposer une plainte formelle sur le portail de l'Agence de la communication en matière financière du Canada. La proposition de son banquier sent le conflit d'intérêts à plein nez. Croyez-moi, une banque qui vous fait des cadeaux, ça n'existe pas.

À long terme, ces 12 000 dollars, Anne-Marie va proba-blement devoir les débourser en triple, en impôts, en frais ou en perte de rendement. Si le banquier veut que cette entente demeure confidentielle, c'est qu'elle enfreint mani-festement certains articles de la Loi sur la distribution de produits et services financiers au Québec ou de la Loi sur les banques du Canada, voire des articles de ces deux lois, et qu'il souhaite ne pas laisser de traces. Pensez-y un ins-tant. Si l'on était prêt à verser ainsi 12 000 dollars, ni vu ni connu, à une seule cliente, combien cela aurait-il pu rap-porter, selon vous, en frais financiers de toutes sortes ou en bonis pour l'employé ? Au moins le double.

Il ne faut pas se laisser aveugler par l'aura d'une puis-sante bannière. Ce genre de pratiques doit être dénoncé. Certains directeurs peu scrupuleux n'hésitent pas à tester l'autorité provinciale de la Chambre de la sécurité financière et de l'AMF. En étant à cheval entre deux législations, soit la Loi sur les banques du fédéral et la Loi sur les valeurs mobilières du Québec, ils essaient de jouer sur les deux tableaux.

LES VENTES CROISÉES, ÇA FONCTIONNE !

Qu'est-ce qu'une « vente croisée » ? Vous êtes à la caisse d'un dépanneur, un Couche-Tard ou autre, et vous venez de payer vos achats, lorsque le commis vous demande : « Un gratteux avec ça, m'sieur ? » ou bien « Le deuxième sac est 50 % moins cher, vous le voulez ? » Voilà une technique de « vente croisée ». Quand le client est sur le point de partir, on tente de lui vendre un produit supplémentaire ou com-plémentaire. Et ça fonctionne souvent.

Votre banque, c'est le Couche-Tard de la finance. Les banquiers sont là pour vous dépanner. Ils accommodent les gens pressés de régler leurs affaires financières. Mais avant tout, ils sont là pour répondre aux exigences de la direction qui doit tout faire pour accroître le chiffre d'affaires, lequel entraînera une augmentation du bénéfice par action qui, elle, se traduira par des primes et bonis. « Avez-vous rempli votre CELI ? » « Connaissez-vous notre fonds de dividendes stratégiques intergalactique ? » « Voulez-vous qu'un agent vous appelle pour diminuer vos primes d'assurance ? » « Aimeriez-vous bénéficier d'un taux avantageux sur notre nouvelle carte MélaminePlus ? » « Donnez-nous une copie des placements que vous avez ailleurs et courez la chance de gagner un *toaster* wifi. »

Ventes croisées extrêmes et illégales

Les banquiers font preuve d'une imagination sans borne lorsqu'il s'agit d'inciter le personnel à faire des ventes croisées, à tel point qu'il a fallu ajuster la Loi sur les banques, rien de moins. Il n'était pas rare que les clients soient carrément menacés de pénalités s'ils n'achetaient pas les produits complémentaires. De telles pratiques existent encore, malheureusement, et elles peuvent se présenter de la façon suivante : au moment où vous souscrivez un prêt hypothécaire, votre banque vous incitera à transférer chez elle les placements que vous avez dans une autre institution en vous disant, par exemple, qu'elle ne peut pas vous offrir son meilleur taux si vous ne faites pas ce transfert.

Ne tombez jamais dans ce traquenard. Vous avez affaire à un employé qui fait un peu trop de zèle ou qui ne pense qu'à sa prime de fin de trimestre. Ce comportement inexcusable porte un nom : la « vente liée avec coercition », ou vente forcée. En 1998, la Loi sur les banques a été modifiée, avec l'ajout de l'article 459.1, afin d'encadrer le phénomène grandissant qui consistait à faire pression sur les clients pour les inciter à acheter des produits et services financiers complémentaires.

Ces pressions indues s'accompagnaient de menaces telles que : « Si vous ne prenez pas la carte de crédit, votre taux de CPG sera diminué. » Cet amendement provient du Rapport McKay[17], qui énonçait que les consommateurs doivent pouvoir prendre leurs décisions financières en ayant des choix « sans coercition effective NI PERÇUE » :

> 459.1 (1) *Il est interdit à la banque d'exercer des pressions indues pour forcer une personne à se procurer un produit ou service auprès d'une personne donnée, y compris elle-même ou une entité de son groupe, pour obtenir un autre produit ou service de la banque.*

L'assurance ou le bâton

Bien qu'elles soient interdites par la loi, les ventes liées avec menaces de représailles n'ont pas disparu. Yves, de Blainville, m'a contacté à ce sujet. La représentante hypothécaire de son institution financière lui a accordé son prêt pour l'achat de sa première maison, mais à la condition que lui et sa conjointe souscrivent l'assurance vie et l'assurance invalidité de la banque. Yves et Nadia ont également senti qu'on exerçait des pressions pour qu'ils signent au plus vite.

Yves avait raison de se poser des questions. La situation qu'il nous a décrite, maintes jeunes familles l'ont vécue. Soyons clairs : les ventes de produits bancaires liés ou complémentaires sont réglementées. Un prêteur évalue votre dossier en fonction de vos revenus, de vos actifs nets et de votre stabilité d'emploi, et il a aussi le droit de vouloir limiter ses risques.

Pour ces raisons, il y a plus de chances qu'on exige des travailleurs autonomes, saisonniers ou propriétaires de PME qu'ils aient une assurance maladie, invalidité ou décès. Mais en aucun cas l'institution ne peut les obliger à prendre SES produits.

---

17. *Rapport du Groupe de travail sur l'avenir du secteur des services financiers canadien, en réponse à la demande du secrétaire d'État (Institutions financières internationales)*, Ottawa, 11 juillet 1997.

Mon confrère conseiller Maxym Leclerc m'a fourni le fascicule de l'AMF intitulé *Les assurances vendues par les prêteurs et commerçants*. L'article 443 de la Loi sur la distribution de produits et services financiers du Québec y est très bien résumé : « Le distributeur ne peut pas vous obliger à contracter l'assurance qu'il vous propose. Si l'assurance est obligatoire, vous pouvez aussi l'acheter auprès d'un autre assureur ou d'un représentant certifié par l'Autorité. »

Justement, avec l'aide d'un conseiller en sécurité financière, Yves a pu réviser ses besoins en matière d'assurance et s'est aperçu que son employeur le couvrait en bonne partie. Ensuite, lui et son épouse ont magasiné pour obtenir ce qui leur manquait pour avoir une couverture appropriée. Yves et Nadia ne paieront ainsi que 45 dollars par mois pour répondre aux exigences de la banque. Cela représente une économie de 74 %, soit 1560 dollars par an, et, au total, pour une hypothèque fermée de cinq ans, 7800 dollars.

Commencez-vous à comprendre d'où proviennent tous les profits qu'engrangent les banques ? De nos poches.

Selon moi, il y a incompatibilité entre les activités de conseil financier et le principe des cibles et des quotas. Je sais que les Autorités canadiennes en valeurs mobilières (ACVM) étudient sérieusement la possibilité de mettre un terme à cette confusion des genres pour le moins gênante. Les ACVM aimeraient qu'une loi soit adoptée pour obliger les institutions à servir d'abord les meilleurs intérêts des clients. Cela porte le nom de « devoir fiduciaire ». Cependant, il serait opportun de ne pas se limiter aux valeurs mobilières, mais de couvrir également toutes les activités de nature financière des banques et des sociétés d'assurances.

D'ici là, je serai le premier à saluer le courage des patrons de banques canadiennes qui oseront suivre la solution qu'a trouvée la Wells Fargo pour endiguer les débordements éthiques. Grâce à John Stumpf, le chef de la direction de la Wells Fargo, la date du 1er janvier 2017 est à marquer d'une pierre blanche dans l'histoire de la banque : c'est la date qu'il a fixée pour mettre fin aux objectifs commerciaux servant à mesurer l'efficacité des employés affectés aux services directs aux clients.

Ne laissez personne décider à votre place

Les coûts exorbitants des conflits d'intérêts dans les services financiers font partie des questions qui tiennent le plus à cœur à l'ancien président américain Barack Obama. Dans une note interne de la Maison-Blanche publiée en 2015, on estime que la facture annuelle des pertes pour les investisseurs représente 17 milliards de dollars. Autrement dit, chaque épargnant perd entre 0,5 % et 1 % annuellement en opportunités manquées ou en frais payés en trop.

Pourquoi ? Parce que les institutions financières dirigent sciemment les clients vers les produits financiers qu'elles manufacturent elles-mêmes et qui sont les plus lucratifs sur leur bilan.

Voici comment cela se déroule: vous vous rendez innocemment à la banque afin de souscrire à un REER. Le représentant au comptoir sort le formulaire REER en vous demandant de choisir l'échéance de votre certificat de placement garanti. Voulez-vous le CPG jaune à trois, cinq ou sept ans ? Le CPG échelonné ou le CPG adossé au marché ? Si vous osez demander si le CPG est bien la meilleure solution pour vous ou si c'est ce qui se fait de mieux, l'employé vous oriente vers la directrice.

Dans son cubicule miniature qui évoque une salle de triage exigu à l'urgence, la directrice vous fait remplir un formulaire visant à cerner votre profil d'investisseur. Concrètement, il s'agit de vous soumettre à une technique de vente parfaitement rodée, qui a déjà servi à des dizaines de reprises et qui vise à vous diriger dans un entonnoir, son entonnoir. À la fin de l'entretien, la directrice vous dévoile que vous avez un profil équilibré et que, JUSTEMENT, la banque a un fonds équilibré qui s'équilibrera parfaitement avec votre profil équilibré qui ne demande pas mieux que de rester en équilibre...

Ne voulant pas paraître ignorant ou idiot, vous cédez aux bourdonnements de son charabia, qui comprend non seulement « équilibré » mis à toutes les sauces, mais aussi les mots « modéré » et « protégé », également très prisés en finance comportementale. Vous signez alors le document qu'elle vous tend sans trop savoir pourquoi. En deux temps, trois mouvements, la banque vient de récupérer les fonds directement dans votre compte.

Est-ce le meilleur produit offert sur le marché ? Le sujet n'a pas été abordé. Ah ! et puis zut ! Vous avez mieux à faire, vous devez être de retour au bureau pour 13 heures 30. L'affaire est réglée. N'en parlons plus.

Si, reparlons-en ! Vous venez de conclure en 30 minutes un investissement de 24 000 dollars en n'ayant rien analysé ou comparé. Sans même avoir pris un peu de recul, ne serait-ce que 24 heures de réflexion ? Avant d'acheter une voiture de la même valeur, vous auriez sans doute visité huit concessionnaires automobiles, consulté le *Guide de l'auto* et visité le Salon de la place Bonaventure... pour vous décider, finalement, au bout de trois mois.

À la différence d'une voiture, votre REER financera vos vieux jours et il y a de bonnes chances qu'il prenne de la valeur s'il est bien investi. Votre voiture, elle, aura perdu en quelques semaines 25 % de son prix initial et finira à la casse.

À combien se chiffre le genre de manœuvre que je viens de décrire et qui s'apparente à du détournement de capitaux des investisseurs canadiens : 3 milliards ? 5 milliards ?

Comme vous le savez, contrairement à ce qui prévaut aux États-Unis, la finance canadienne est concentrée dans les coffres d'une poignée d'entreprises. Moins de dix joueurs dominent l'industrie, et cela a peu à voir avec la qualité de leurs produits.

Ces organisations qui vendent des produits de placement et d'assurance fonctionnent par paliers multiples (comme Amway, Herbalife ou Tupperware) et par quotas de vente. Ce sont des machines de guerre très au fait de toutes les tactiques commerciales. Elles sont toujours en train de recruter du personnel et certaines attirent leurs recrues par des séminaires dans les hôtels, par des publicités sur les babillards des épiceries, à la télévision, dans les journaux, les médias sociaux et même dans les toilettes des universités.

Elles ont besoin à tout prix de nouveaux vendeurs, parce qu'une majorité de ces «financiers d'opérette» abandonnera le domaine après y avoir sévi moins de trente-six mois. Pourquoi autant de défections? Disons qu'on perd en crédibilité quand on est obligé de harceler ses proches pour qu'ils achètent des fonds de placement de troisième catégorie ou des assurances vie qu'on sait trop chers pour une clientèle vulnérable.

La structure archaïque de ces réseaux fait souvent l'objet de moqueries, est qualifiée de «fast-food de la finance», mais elles n'en demeurent pas moins d'une efficacité certaine!

Barack Obama s'intéressait au problème.

Le discours à la nation de Barack Obama du 13 avril 2016 concerne autant les Américains que le Québécois moyen.

«Si vous travaillez dur pour mettre de l'argent de côté, [...] vous devriez avoir la tranquillité d'esprit de savoir que les conseils que vous obtenez pour investir ces dollars sont appropriés. Des commissions spéciales incitent les courtiers à faire des recommandations qui génèrent les meilleurs rendements pour eux, mais pas nécessairement le meilleur retour pour vous.»

Le devoir de «convenance» dans lequel se drapent les vendeurs n'a rien à voir avec ce que les clients investisseurs attendent d'une firme respectable. Du petit commis au chef de la direction de la banque jaune, chacun connaît bien la ligne floue qui existe entre la règle et la morale. On s'attend à mieux de la part de ceux qui ont les mains dans notre bas de laine et qui administrent les économies de toute une vie. On s'attend à un sens de l'éthique irréprochable.
Les lois ne sont pas assez claires ? Modifions-les.

Comparons la finance avec la bouffe

Que diriez-vous si, en allant faire votre épicerie au Provigo du coin, vous n'y trouviez que les produits « Le choix du Président » ? Je veux bien admettre que ceux-ci sont parfois de bonne qualité, mais ça n'aurait aucun sens !

J'achète du ketchup Heinz, de la mayonnaise Hellmann's, du bacon Lafleur, et il est hors de question que je choisisse d'autres marques. Je suis comme vous : je ne veux pas être contraint de remplir mon panier uniquement avec les produits qui favorisent la famille Weston.

Pourquoi acceptons-nous qu'on remplisse nos REER et nos CELI avec « Le choix du Président » de la Banque bleue (verte, orange, rouge ou noire) ? C'est un peu par paresse, par manque d'intérêt, de temps... et aussi parce que nous faisons aveuglement confiance. Mais si vous ne vous occupez pas de vos finances, qui le fera, dites-moi ?

Les employés-vendeurs des institutions financières captives qui ne vendent que leurs produits favorisent leur propre enrichissement, celui de leur directeur de succursale, de leur directeur régional, du vice-président provincial, du président de l'institution et des actionnaires. Quant aux intérêts du client, ils passeront après les leurs.

Ce n'est pas ce que vous croyiez, n'est-ce pas ? L'explication est pourtant simple. Le « devoir fiduciaire » que j'ai décrit plus tôt, c'est-à-dire l'obligation de servir d'abord les meilleurs intérêts des clients, n'existe pas au Canada anglais. Au Québec, il existe bien des règles déontologiques qui en font mention, mais elles ne sont pas appliquées. Les articles 18 et 19 du Code de déontologie de la Chambre de sécurité financière de la province ont beau être très clairs à ce sujet, les grandes financières s'en moquent éperdument.

> Article 18 : « *Le représentant doit, dans l'exercice de ses activités, sauvegarder en tout temps son indépendance et éviter toute situation où il serait en conflit d'intérêts.* »
> Article 19 : « *Le représentant doit subordonner son intérêt personnel à celui de son client et de tout client éventuel.* »

Malgré la limpidité de ces articles, rien ne se passe. Dès qu'un client se plaint un peu trop, on le muselle en lui faisant un petit chèque ou en lui donnant des billets de hockey.

En résumé, les employés-vendeurs n'ont pas expressément l'obligation de vous offrir les meilleures solutions financières du marché, mais seulement quelque chose d'« acceptable ». C'est assez farfelu quand on y songe. Essayez-vous de dénicher un garagiste « acceptable », un bon resto asiatique « acceptable » ou un chirurgien « acceptable » ? Jamais ! Vous cherchez le meilleur, un point c'est tout.

C'est en cela que réside LA différence entre un conseiller se comportant en fiduciaire et un vendeur exécutant des ordres. Le fiduciaire agira en bon père de famille et placera toujours les intérêts des clients avant les siens. Ne travaillant pas en circuit fermé, il peut offrir tout ce que l'industrie offre de meilleur, sans que son jugement soit tributaire d'une juteuse commission, d'un voyage ou d'une prime de fin d'année.

Au Canada comme aux États-Unis, l'industrie financière est séparée en deux segments : les « bouchers » et les « nutritionnistes ». Si vous demandez à un « boucher » de vous dresser le menu de la semaine, vous mangerez des saucisses, des steaks, des escalopes, des rôtis... mais ce sera encore et toujours de la viande.

Si c'est à un « nutritionniste » que revient la responsabilité de planifier vos repas, vous aurez aussi des céréales, des fruits et légumes, des produits laitiers, des légumineuses, du poisson, des œufs, etc., bref, des valeurs nutritives correspondant à vos besoins. Le conseiller fiduciaire est le « nutritionniste » de votre santé financière.

EN RAFALE – QUOTAS ET BONUS

- En 2014, les banques ont versé plus de 12 milliards en bonis et en primes à leurs dirigeants.

- La valeur boursière totale du Big Six (CIBC, TD, Scotia, BMO, RBC et BN) dépasse 400 milliards de dollars.

- Les revenus des banques proviennent à 55 % des intérêts de marges, prêts, hypothèques et cartes de crédit, contre 6 % pour les frais de service et 39 % pour les frais de courtage, de gestion de patrimoine et les fonds communs de placement. C'est ce dernier secteur qui connaît la plus forte croissance, mais c'est aussi celui où les banque ont historiquement le moins d'expérience.

- En 2016, les versements liés à la performance des employés de la BMO ont bondi de 8,4 %, pour atteindre 2,3 milliards de dollars.

- La Financière Banque Nationale détient le record peu enviable d'avoir été condamnée à payer l'amende la plus importante jamais imposée par l'AMF. En 2009, elle a dû lui verser 75 millions de dollars pour son rôle majeur dans la distribution du papier commercial toxique à l'origine de la crise financière de 2007-2008.

- Parmi les banques canadiennes, c'est à la RBC que le salaire moyen annuel est le plus élevé : 159 022 dollars.

- Le président de la Banque Nationale touche annuellement près de 8 millions de dollars en rémunération globale, soit autant que les chefs de la direction des banques qui ont dix fois la capitalisation boursière de sa bannière.

- En 2016, la pétrolière Enbridge a uni sa destinée à la gazière Spectra Energy, dans une transaction de 47 milliards de dollars canadiens. Les équipes bancaires BMO-Citi et RBC-Credit Suisse, qui ont orchestré la fusion, ont touché 100 millions dollars en commissions.

ÉVASION FISCALE ET JURIDICTIONS
DE COMPLAISANCE

À Monaco, les gangsters ne braquent pas les banques :
elles leur appartiennent.
Laurent Ruquier, animateur de radio et de télévision français

Le système des impôts a complètement dévié en faveur
des riches aux dépens des classes moyennes au cours
des dix dernières années. C'est dramatique.
Warren Buffett

En 2011, Valeurs mobilières Desjardins a surpris toute la communauté financière québécoise en congédiant son duo de vendeurs vedette. L'équipe Dalpé-Millette s'est fait montrer la porte sans préavis. On reprochait à ces as de la vente de titres financiers d'avoir caché à Desjardins des activités « externes », voire des transactions obscures avec une firme de courtage des Bahamas.

Cette histoire fort nébuleuse a éclaboussé la réputation de dizaines d'autres conseillers-vendeurs, mais aussi celle des institutions en cause. La valse des poursuites qui s'en est suivie n'a fait que brouiller davantage les cartes, et elle a eu cette conséquence inattendue : les inspecteurs du fisc, qui eux aussi lisent les journaux, ont donc entrepris de demander des comptes à tout ce beau monde.

En mars 2017, la réputation de KPMG a été sérieusement ternie lorsque les révélations de l'émission *Enquête* de la Société Radio-Canada ont rebondi à la Chambre des communes[18]. Le groupe financier, dont les « planifications agressives » ont été mises au grand jour, utilisait l'île de Man comme refuge fiscal. La proximité de fonctionnaires fédéraux de l'Agence du revenu du Canada, de procureurs et de juges de la Cour d'appel fédérale avec KPMG et le cabinet d'avocat Dentons a de quoi nous faire dresser les cheveux sur la tête.

Si cette évasion fiscale « facilitée » par des professionnels québécois n'est pas endiguée, elle est désormais plus compliquée. L'intransigeance de Desjardins est un signal très fort lancé aux comptables, aux avocats, notaires et aux autres banquiers d'affaires créatifs. On doit s'en féliciter. Les boîtes sérieuses ne peuvent plus tolérer ce qui a longtemps été perçu comme un *sideline* sympathique. La société a changé, de tels comportements ne passent plus. Plus comme avant en tout cas. Les petites et moyennes fortunes viennent de perdre une échappatoire fiscale.

COMMENT DÉPENSER L'ARGENT DES PARADIS FISCAUX ?

Si vous avez caché des économies dans un paradis fiscal, comment pouvez-vous les dépenser sans éveiller les soupçons des percepteurs des impôts ? D'abord, les conseillers juridiques et comptables de l'évasion fiscale vous conseilleront d'être prudent : ne mélangez pas les sommes rapatriées avec vos actifs en sol canadien. Être prudent, cela signifie aussi ne pas étaler votre richesse ni dévoiler les secrets de la structure que la banque a mise sur pied pour vous à Nassau ou à Georgetown.

Vous devez redoubler de prudence avec les connexions internet. En plus de vous doter d'un coupe-feu personnel,

---

18. Frédéric Zalac, « Les intouchables », *Enquête*, ICI Radio-Canada, 2 mars 2017.

vous devriez consulter vos comptes uniquement sur un ordinateur portatif dédié et renforcer la sécurité de votre wifi. Tous les fichiers ouverts et consultés doivent être effacés, et votre disque dur, bien nettoyé à l'aide d'un logiciel spécifiquement recommandé. Enfin, vous utiliserez pour votre téléphone intelligent des applications telles que Signal, Silent Phone, Telegram et TextSecure.

Pour ce qui est de la partie plaisir, la filiale de votre banque vous a remis une carte Visa d'apparence plutôt banale, sans signe distinctif particulier, qui n'a rien à voir avec les cartes Platine et Gold tape-à-l'œil de leur *Private Banking Branch*. En résumé, c'est une carte de bien nanti en tenue de camouflage !

C'est à l'aide de cette carte de crédit que vous pourrez accéder à vos capitaux cachés sous les tropiques. En ligne ou par téléphone, vous pouvez faire virer quand vous le souhaitez les sommes dont vous avez besoin. On va aussi vous conseiller de faire votre épicerie, de payer les restos, de régler les dépenses liées à la voiture et d'acheter vos vêtements avec cet argent.

Il n'est évidemment pas recommandé de faire des achats trop importants avec votre oseille frauduleuse. En effet, c'est souvent en jumelant le train de vie des contribuables avec les revenus qu'ils déclarent que Revenu Québec attrape les fraudeurs fiscaux. Soyez conscients qu'il est possible de fouiller dans les registres fonciers, dans les déclarations des incorporations et même à la Société de l'assurance automobile du Québec.

Les ratés de la machine à blanchir l'argent

Comment des Québécois et des Canadiens ont-ils pu cacher des actifs à l'impôt avec la complicité de leur institution financière ?

Il y a plusieurs façons de faire. La plus sûre est également la plus coûteuse : c'est celle qu'ont retenue la famille Rémillard et ses amis de la banque. Lucien Rémillard, père de Maxime et de Julien Rémillard (Remstar et V télé), a été membre du Comité paritaire des boueurs (chargés d'enlever les ordures ménagères) de la région de Montréal et a siégé au conseil d'administration de Waste Inc. Il s'est fait conseiller d'établir une fiducie à la Barbade et d'y enfouir le fruit de la vente de ces deux sociétés, RCI Environnement et le Centre de transbordement et de valorisation nord-sud.

Ces entreprises acquises pour 200 dollars en 2002 ont été revendues huit ans plus tard pour 145 millions de dollars. Le sympathique personnage s'est démené jusqu'en Cour suprême pour ne pas avoir à payer les 30 millions de dollars d'impôts sur les gains en capital qu'il souhaitait recycler au soleil.

Malheureusement pour eux, le tour de passe-passe que les familles Irving et Bronfman avaient pu utiliser en recourant à leurs fiducies familiales n'a pas fonctionné pour les Rémillard[19]. Sans doute ont-ils été mal conseillés par leurs banquiers et avocats, ou peut-être n'y avait-il pas assez d'argent en jeu.

C'est ce que semble croire Éric St-Cyr, un Québécois qui gérait des millions de dollars pour le compte de petits clients et de clients moyens qui souhaitaient, eux aussi, éviter l'impôt. Dans son ouvrage À l'ombre du soleil. *Paradis fiscaux, démesure et déchéance*, paru en 2016 aux éditons Parfum d'encre, St-Cyr met le point sur les *i* :

« Dans les Caraïbes, les gros joueurs, ce sont les banques canadiennes, ces mêmes banques qui sont encensées au pays pour leur solidité financière, et admirées pour leur place sur l'échiquier économique mondial. Ces banques [...] qui paient peu d'impôts grâce à l'utilisation de structures étrangères [...], ce sont elles, les forces obscures des paradis fiscaux. »

---

19. Alain Deneault, *Paradis fiscaux, la filière canadienne*, Montréal, Écosociété, 2014.

St-Cyr, qui avait une boutique d'investissement aux îles Caïmans, Clover Asset Management, n'a pas l'impression d'avoir fait pire que les grandes banques canadiennes, mais il dit s'être fait piéger par des agents du fisc américain, ce qui lui a valu d'être emprisonné pour blanchiment d'argent.

Plus il y a d'histoires comme les Bahamas Leaks, Luxembourg Leaks et autres Panama Papers révélées dans les médias, plus les autorités semblent resserrer l'étau autour des dossiers petits et moyens. Cela permet de calmer l'opinion publique. Mais les gros échappent encore à la controverse et à la traque policière.

En septembre 2016, St-Cyr expliquait que « le Canada a signé dans les dernières années des ententes d'échange d'information avec plusieurs paradis fiscaux qui comportent une nouvelle clause de non double taxation. Cela veut dire concrètement que vous êtes imposé à 2,5 % sur vos profits aux îles Vierges, et qu'ensuite vous pouvez rapatrier votre argent net d'impôt au Canada. Nous sommes en train de rendre discrètement légal ce qui était illégal. »

Les magouilles *offshore* ne sont plus à la portée des PME et des petits-bourgeois de Saint-Lambert. Les grandes corporations internationales ont vite compris que le Canada est devenu un État qui fait preuve de complaisance fiscale à l'égard des multinationales. Si le groupe pharmaceutique Valeant et la chaîne de restauration Burger King ont choisi le Canada, ce n'est pas pour la beauté des Rocheuses ou le cachet du Carrefour Laval, mais plutôt pour la possibilité de distribuer des dividendes faiblement (ou pas du tout) imposés à leurs actionnaires.

Est-ce viable à long terme ? Certainement pas. Le nombre de riches au Canada se réduit. La classe moyenne ne pourra pas éponger l'ardoise des services sociaux très longtemps. Les déficits chroniques obligeront un jour nos décideurs à colmater cette brèche qui fait disparaître annuellement des dizaines de milliards en recettes fiscales.

Les banquiers se moquent des élus québécois

En 2015, les représentants des grandes banques canadiennes ont été convoqués par les parlementaires québécois, qui souhaitaient mieux comprendre leurs activités dans les paradis fiscaux. Les réponses données par le représentant de l'Association des banquiers canadiens (ABC) et par ceux des banques (BMO, Scotia, TD, Banque Nationale, RBC) ont été dignes de la Commission Gomery. À tour de rôle, ils sont venus étaler les symptômes de leur amnésie collective. « Je ne me rappelle pas, non je ne vois pas, je ne sais pas à quoi ça sert, j'imagine que ces compagnies font du commerce là-bas, non, on ne facilite pas l'évitement fiscal... »

Nicolas Marceau du PQ, Rita de Santis du PLQ et André Spénard de la CAQ ont très habilement soulevé les incohérences des banquiers. Quelque 300 milliards de dollars appartenant à des Canadiens sont cachés là-bas, et personne n'est imputable de rien. Ainsi, le représentant de la TD n'a pas pu expliquer qu'une de ses entités des Bermudes et de la Barbade a une valeur comptable de 19 milliards de dollars.

« Non, je ne sais pas. »

Quand UBS recrutait ses clients à Montréal

Les banquiers suisses ont souvent fait les manchettes, surtout en raison de leurs démêlés avec le fisc américain. Les Helvètes ne recrutaient pas seulement leurs richissimes clients chez l'oncle Sam, mais aussi chez nous.

Voici le témoignage de Simon, un conseiller du centre-ville de Montréal. Alors qu'il travaillait pour une des grandes banques canadiennes, il a dû, contre son gré, administrer le compte de placement d'une cliente canadienne qui blanchissait son argent grâce à un banquier suisse. Au début des années 2000, Simon gérait encore lui-même tous les actifs de la famille T. En dix ans, l'actif avait grimpé tranquillement, mais pas assez rapidement au goût de sa cliente.

Un rendement de 7 % ou 8 % net annuel, c'était trop pépère, d'autant plus que son portefeuille de 5 millions de dollars dégageait environ 250 000 dollars de gains imposables chaque année.

En 2001, madame T. menace de quitter la banque. « Ce n'est pas compliqué, elle m'a lancé un ultimatum. Ou bien je lui trouvais une façon de régler son problème fiscal, ou bien elle déménageait son compte chez mon compétiteur. Les comptes de cette valeur, on voulait les conserver. Mon directeur a donc fourni à madame T. les coordonnées de monsieur S., un banquier suisse qui recrutait pour l'UBS. »

L'UBS, c'est-à-dire l'Union des banques suisses, celle-là même qui a eu maille à partir avec le fisc américain et l'Agence du revenu du Canada. Simon a pu ainsi retenir pendant quelques années la gestion quotidienne des comptes de type enregistré de la famille T., comme les REER, REEE et CRI. Pour le reste, il a indiqué les grandes politiques de placement à sa cliente, qui a fait sortir en douce un joli magot. En quoi cela consiste-t-il concrètement ?

« Lorsque monsieur S. est au pays, explique Simon, il fait la grande tournée. Il est à Montréal pour une semaine ou deux et ramasse les enveloppes. C'est un habitué. Nommez-moi n'importe quelle grande banque à Montréal, il a fait affaire avec elle, c'est certain ! Monsieur S. est un grand amateur de hockey. Alors, venir à Montréal, c'est pour lui une vraie partie de plaisir. Il a même son condo rue Sherbrooke. Il prend seulement du comptant, et les clients comme madame T. lui en apportent par tranches de 50 000 dollars.

« Au début, les clients sont craintifs : c'est pourquoi ils n'apportent que 50 000 dollars. Comme c'est leur propre banque qui leur a recommandé monsieur S., ils savent qui aller voir si jamais un dépôt ne figure pas sur l'état de compte à la fin du mois ou s'il manque ne serait-ce qu'un seul billet de 100 dollars. Pas d'inquiétude, monsieur S. est d'une droiture et d'une honnêteté exemplaires. Je l'ai vu faire en personne, il est très méticuleux et n'accepte pas n'importe quel client. Il ne touche à rien de ce qui a l'air louche. Il vérifie même l'historique de crédit s'il soupçonne des activités criminelles. L'argent du crime, il ne touche pas à ça. Il facture cher, mais le compte est toujours bon. Une fois, il a foutu la frousse à toute la province. Il y a quelques années, monsieur S. a eu un sérieux accident d'auto entre Montréal et Québec. Il était sérieusement amoché et a dû être hospitalisé. Comme il ne répondait plus à son portable, des dizaines de clients inquiets ont appelé à la banque. Heureusement, il s'est rétabli rapidement. Leur argent n'avait pas disparu ! »

Dans les faits, l'argent confié à monsieur S. restait ici. Il est en effet interdit de voyager avec plus de 10 000 dollars canadiens comptant dans ses bagages. Monsieur S. ne pouvait donc pas les emporter avec lui en Suisse. Les enveloppes d'argent comptant étaient plutôt déposées dans la journée dans une des banques canadiennes faisant affaire avec UBS.

Afin que le client ne puisse pas être identifié clairement, on lui attribuait simplement un compte numéroté appartenant à la banque suisse. La plupart des clients investissent dans ce qu'ils connaissent : fonds communs de placement des banques, actions Bombardier, Barrick Gold, CGI, Power Corporation, Hydro-Québec et beaucoup d'obligations du Canada, des provinces et des villes canadiennes. Non seulement l'argent ne quitte pas le pays, mais il est réinvesti dans l'économie canadienne.

L'entente entre le fisc américain et l'UBS

Madame T. ne fait plus partie des clients de Simon. Éternelle insatisfaite, elle a fini par transférer ses économies ailleurs en 2008. Elle était toujours à la recherche d'un meilleur rendement et de moindres frais.

Jean-Pierre Blackburn, le ministre du Revenu national de l'époque, avait déclaré en 2009 qu'il souhaitait interroger les représentants d'UBS sur les Canadiens qui camouflent des actifs en Suisse. J'imagine qu'il a dû avoir de franches discussions avec les patrons de nos grandes banques ! Si une bonne partie de l'argent qui échappe au radar de l'Agence du revenu est déjà ici, inutile d'aller traire des vaches alpines !

Toujours en 2009, le gouvernement suisse a empoché 1,2 milliard de dollars en cédant sa participation en actions dans l'UBS. Coïncidence : cette « vente de débarras » a eu lieu quelques jours après l'entente historique conclue entre l'Internal Revenue Service (IRS, c'est-à-dire le fisc américain) et UBS.

L'Union des banques suisses a dû renoncer à son sacrosaint secret bancaire et a été obligée de dévoiler l'identité de près de 4500 Américains qui ont camouflé en tout plus de 10 milliards — chiffre qui semble conservateur — en Suisse. Avec une dette américaine[20] qui atteindra bientôt 20 000 milliards de dollars, il n'est plus question de laisser en paix les citoyens américains qui utilisent des paradis fiscaux.

À hauteur de 640 milliards de dollars, la dette canadienne n'est pas aussi monstrueuse, c'est vrai, mais elle peut certainement diminuer si l'Agence du revenu parvient à débusquer quelques centaines de clients parmi ceux qui font affaire avec monsieur S. et ses complices.

Joe Poulin fait bronzer ses millions

C'est le 16 février 2017 que le fabuleux destin de Joe Poulin a changé. Ce jeune entrepreneur originaire de Valleyfield a vendu sa société de locations de villas de haut de gamme Luxury Retreats à AirBnB pour 300 millions de dollars américains. Tant mieux pour lui. On peut sans doute se

---

20. usdebtclock.org.

réjouir qu'un brillant homme d'affaires dans la trentaine réussisse un pareil exploit. Mais on peut également hausser les sourcils en apprenant qu'il pourra fort probablement conserver 100 % de cet extraordinaire gain en capital, et ce, sans payer un cent d'impôt.

Poulin a bien planifié son coup. Le 20 mars 2017, Francis Vailles, de *La Presse*, expliquait que Joe a tout fait dans les règles de l'art[21]. Il a « déménagé » sa résidence et ses incorporations à la Barbade, et comme il n'y a là-bas aucune imposition sur les gains en capital... Bingo! L'homme d'affaires pourra épargner près de 90 millions de dollars canadiens. Comme Luxury Retreat emploie environ 250 personnes à Montréal, il a dû se dire qu'après tout, ses salariés en paient déjà des impôts!

Mitch Garber, entrepreneur et citoyen exemplaire

Le président du conseil d'administration du Cirque du Soleil et chef de la direction de Caesars Entertainment n'est pas fait sur le même moule que Joe Poulin. Pour Mitch Garber, un vrai dragon se doit aussi de cracher son dû dans la gamelle du fisc. En 2016, Garber a probablement été le citoyen qui a « volontairement » payé le plus d'impôts au pays. Il y a quelques années, avec ses partenaires de Caesars, il a eu le flair d'investir dans Playtika, une jeune société israélienne de jeux en ligne sur mobile et d'applications pour Facebook. À l'été 2016, un conglomérat chinois a mis la main sur Playtika pour 4,4 milliards de dollars. Bien sûr, comme Poulin, Garber a vu venir cette transaction. Il aurait certainement pu opter pour une résidence fiscale plus favorable, se doter d'une société-écran ou créer une fiducie à la Barbade ou aux îles Caïmans.

---

21. Francis Vailles, « Joe Poulin, la Barbade et les impôts », *La Presse+*, 20 mars 2017.

Au contraire, il n'a tout simplement rien entrepris dans le but de rendre intouchable son formidable gain en capital. D'après ses commentaires sur le sujet et ses interventions publiques, on peut penser qu'il détenait personnellement, par le truchement d'actions et d'options, une part importante du capital-actions de Playtika. Sur un gain estimé par l'agence Bloomberg à 275 millions de dollars, la facture fiscale que lui ont présentée le fédéral et le provincial a pu atteindre, au total, 100 millions de dollars.

Le 30 septembre 2016, Mitch Garber confiait au journaliste Réjean Bourdeau de *La Presse,* que s'il avait mis sur pied un plan fiscal pour amoindrir l'ardoise, il aurait «vendu le futur de [ses] enfants pour sauver de l'impôt[22]!»

En décembre 2016, alors que j'assistais à un discours de Mitch Garber à l'Espace CDPQ de la Place Ville-Marie de Montréal, je l'ai entendu avouer candidement à la salle médusée: «J'adore l'argent. Mais j'adore aussi ma famille, Montréal et le Québec. Mes garçons sont élevés ici en français et en anglais. Je veux payer mes impôts ici et comme tout le monde.»

Garber conçoit que s'il est devenu un redoutable homme d'affaires, dont le flair légendaire rayonne de Las Vegas à Shanghai, c'est parce que les sociétés québécoise et canadienne lui ont donné les outils et les opportunités. Il leur exprime sa gratitude fiscalement. Payer son dû en matière de taxes et d'impôts aide nos écoles, nos hôpitaux et nos autres infrastructures publiques à remplir leurs missions.

---

22. Réjean Bourdeau, « Mitch Garber paiera "plus de 100 millions" en impôts », *La Presse,* 30 septembre 2016.

EN RAFALE – LES PARADIS FISCAUX

- La Barbade est le paradis fiscal le plus utilisé par les Canadiens, devant les îles Caïmans, l'Irlande, le Luxembourg et les Bermudes.

- Le copinage entre les banques canadiennes et les paradis fiscaux est de notoriété publique. En deux ans, soit en 2013 et 2014, 7 milliards de dollars ont été transférés du Canada vers la Barbade.

- Le PIB annuel de la Barbade, État des Caraïbes de 290 000 habitants, est de 5,5 milliards de dollars.

- Selon le FMI, 50 % des transactions financières mondiales transitent par les paradis fiscaux.

- Le Mouvement Desjardins a déjà eu une filiale dans un paradis fiscal. En 1994, la coopérative québécoise a fait l'acquisition de la Laurentian Bank & Trust de Nassau aux Bahamas.

- La Banque Royale du Canada possède trente sociétés filiales établies dans des paradis fiscaux ou juridictions de complaisance.

- Le réseau TaxJustice estime à 80 milliards de dollars annuellement les sommes qui échappent à l'impôt canadien.

- Il est plutôt hasardeux de déterminer quelles sommes sont réellement camouflées dans les paradis fiscaux. Les évaluations oscillent entre 21 et 32 billions de dollars.

- Annuellement, 1 billion de dollars du crime organisé transite par les paradis fiscaux.

- La tristement célèbre société comptable KPMG est née en 1987 de la fusion des cabinets Peat Marwick International et Klynveld Main Goerdeler. La firme emploie 175 000 employés, pour un chiffre d'affaires annuel de 25 milliards de dollars.

- L'île de Man ne fait pas partie du Royaume-Uni, mais appartient tout de même à la couronne britannique. Ses revenus proviennent à 70 % des casinos en ligne qui y ont établi leurs serveurs et de sociétés financières facilitant l'évasion fiscale.

- Parmi les astuces préférées des fraudeurs fiscaux, on trouve les stratagèmes de fausses pertes fiscales. En multipliant les fausses factures entre compagnies fictives, des sociétés-écrans parviennent à blanchir des milliards de dollars annuellement.

IMMOBILIER ET HYPOTHÈQUES

Ce qui me choque le plus ? Certaines publicités des banques qui recommandent de refinancer sa maison pour pouvoir se payer des vacances. Ça commence à être malsain !
Jeff Bezos, fondateur et PDG d'Amazon

C'est facile d'obtenir un prêt quand vous n'en avez pas besoin.
Norman Augustine, ancien président de Lockheed-Martin

Négliger de négocier votre prêt hypothécaire est l'une des erreurs les plus coûteuses que vous puissiez commettre. Retenez qu'en finance, comme dans le commerce en général, tout ou presque est négociable. À long terme, une différence de 0,25 % peut représenter des milliers de dollars. Il est vraiment très difficile de s'y retrouver tant il y a de taux différents : variable, avec ou sans remise en argent, ouvert, fermé, à cinq ans, sept ans, dix ans, à intérêt composé, simple...

Jasmin Bergeron, professeur en administration et marketing financier à l'École des sciences de la gestion (ESG) de l'UQAM, invite les consommateurs à surveiller attentivement la date d'échéance de leur prêt hypothécaire. Certains prêteurs ont commencé à proposer des termes de cinq ans fermés, mais avec une obligation contractuelle de sept ans. Cela signifie qu'à la fin de la période initiale de soixante mois, vous n'êtes pas libre comme l'air. Vous devrez renégocier avec la même institution pour un terme d'au moins vingt-quatre mois supplémentaires.

À mes yeux, la meilleure façon de se faire avoir est de ne porter attention qu'au taux offert, alors que la période d'amortissement a une importance considérable : c'est elle qui déterminera la somme totale des intérêts déboursés. Par exemple, si vous optez pour un amortissement de vingt ans, exigez de voir d'abord le montant cumulatif des intérêts. C'est ce qui intéresse le plus la banque, et c'est sur la base de ce montant que sont évalués les bonis des cadres. Vous adjoindre les services d'un courtier hypothécaire vous aidera à défendre au mieux vos intérêts.

Avec des taux directeurs au niveau plancher, votre pouvoir de négociation reposera surtout sur les clauses de votre contrat et sur quelques particularités. Portez attention au pourcentage permis de remboursements anticipés, aux frais de notaire, d'évaluation, de contrat, de quittance, de transfert, etc.

Méfiez-vous aussi des conditions de résiliation. Les banques amassent des fortunes en frais d'annulation. Comme les unions durent moins longtemps qu'avant, il n'est pas rare qu'on doive vendre la maison avant la fin du terme convenu. Cela peut coûter très cher. Par exemple, pour un solde hypothécaire de 300 000 dollars à 2,79 % sur cinq ans, dont trois ans restent à courir, vous pourriez devoir payer une pénalité de 13 000 dollars ! Pour en avoir le cœur net, estimez la pénalité que vous pourriez payer à l'aide de cette calculatrice en ligne : ratehub.ca/calculatrice-penalite-hypothecaire.

Je me suis entretenu avec Sophie Ferrando, conseillère hypothécaire agréée chez Multiprêts dans la Petite-Italie, à Montréal. Selon elle, il se peut fort bien que, connaissant parfaitement les statistiques sur la précarité des ménages, les banquiers incitent sciemment le public à souscrire des termes de cinq ans ou plus : la pénalité hypothécaire est une composante importante des revenus des banques.

« Je ne comprends pas pourquoi les banques traditionnelles en font autant la promotion. Tout est pourtant limpide. Les deux tiers des couples brisent leurs hypothèques avant la fin de leur terme. Les gens sont conditionnés par le terme de cinq ans fixe. Les termes plus courts sont pourtant très intéressants. »

En général, on calcule la pénalité en comparant ce que représentent trois mois d'intérêt et le différentiel de taux, et on retient le montant le plus élevé. À ce sujet, madame Ferrando fait observer que toutes les banques du Big Six calculent la pénalité en fonction de leur taux affiché.

« Par exemple, on vous fera payer une pénalité basée sur le taux de 4,74 %, alors que dans les faits, votre hypothèque est à 2,79 %. Les pénalités de résiliation, on n'en a pas conscience tant et aussi longtemps qu'on n'a pas goûté à cette médecine ! » Alors qu'elle est notre alternative ? Peut-on négocier la pénalité ?

« Non, malheureusement, il n'y a que deux possibilités pour amoindrir les effets. Soit vous prenez des termes plus courts, soit vous ne faites affaire qu'avec des prêteurs virtuels. Ces derniers calculent d'ordinaire la pénalité sur la base du taux signé, plutôt que le taux affiché. Et malgré ce qu'on vous dira, jamais la banque ne cédera sur la pénalité. Le vendeur de l'institution prétendra qu'il va l'absorber, mais concrètement, on va vous la refiler par en dessous. »

Madame Ferrando évoque le cas récent d'une cliente qui devait payer une pénalité de 5000 dollars pour bénéficier d'une baisse de taux appréciable. Au lieu d'appliquer le taux du moment, à 2,44 %, sa banque lui a présenté un taux de 3,04 %. La différence revenait à 350 dollars par mois. Au total, sur cinq ans, elle aurait déboursé 21 000 dollars en intérêts trop payés !

L'offre du banquier fut REFUSÉE !

Enfin, madame Ferrando souligne que certains prêteurs accordent des prêts hypothécaires qui ne sont pas remboursables... à moins de vendre la propriété. Les taux sont extrêmement bas, mais si un client désire refinancer sa maison pour acheter une deuxième propriété afin d'aider son fils, par exemple, il ne peut pas le faire avant que son prêt hypothécaire initial soit arrivé à son terme.

Cette clause est souvent mal, voire pas du tout expliquée aux emprunteurs. Ces derniers se retrouvent face à une impasse chez le notaire lorsqu'ils réalisent, alors qu'ils sont au pied du mur, la signification de cette restriction des plus sournoises.

Onze points essentiels

1. Retenez les services d'un courtier hypothécaire.
2. Avec l'aide de ce courtier, définissez votre budget avant de magasiner votre maison.
3. N'oubliez aucune catégorie de dépenses : taxes, frais de condo, prime de la Société canadienne d'hypothèques et de logement (SCHL), taxe de 9 % sur la prime, assurance, etc.
4. Si vous êtes un nouvel acheteur, demandez une préautorisation hypothécaire.
5. Intéressez-vous à des termes plus courts que le cinq ans fermé.
6. Transférer votre REER ou votre CELI dans l'institution qui vous accorde le prêt est une très mauvaise idée. Cela n'a aucun rapport. Ces transferts ne visent qu'à bonifier la commission de l'employé.
7. La remise en argent est rarement un cadeau. Si on vous l'offre, c'est qu'il y a encore des marges de manœuvre pour négocier.
8. Ne retenez JAMAIS le prêteur présenté par l'agent immobilier. Neuf fois sur dix, il s'est arrangé avec la banque pour obtenir des ristournes de référencement en argent, en voyage, en lunchs gratuits et soirées mondaines. C'est vous qui allez les payer.
9. Faire des paiements anticipés chaque semaine ou une semaine sur deux réduira la durée de votre amortissement (22 ans et demi au lieu de 25 ans, par exemple).

10. Lisez très attentivement les clauses de transfert dans la famille (en cas de séparation).
11. Ne prenez jamais l'assurance hypothécaire que vous offre le prêteur. Une assurance souscrite indépendamment auprès d'une compagnie d'assurances respectable vous coûtera moins cher.

Payer pour les erreurs de sa banque

Mon ami Stéphane Desjardins est journaliste. Depuis des décennies, il couvre le secteur de la finance personnelle. Il en a long à raconter sur les ruses et stratagèmes des banquiers. Stéphane ne peut chasser de son esprit l'histoire de cette cliente victime de l'arrogance d'une employée.

« Yvonne avait contracté un prêt hypothécaire auprès de la Banque Rouge il y a quelques années et tout allait rondement. Un bon matin, en consultant son état de compte, elle remarque des frais importants, qualifiés d'intérêts additionnels, qui ne font pas partie intégrante de ses remboursements mensuels. Étonnée et inquiète, elle se présente à sa succursale. On lui explique alors qu'un bogue informatique a empêché le prélèvement des trois derniers paiements dans son compte, alors que l'argent s'y trouvait bien. Vous devinez ce qui est arrivé ? On lui a imposé des pénalités et des intérêts pour défaut de paiement ! Lorsqu'elle a exigé l'annulation de ces frais et demandé pourquoi on ne l'avait pas avertie par la poste ou par téléphone, on lui a répondu : "On n'a pas juste vous comme cliente !" Yvonne a fermé tous ses comptes à la Banque Rouge. »

Devez-vous acheter ou louer ?

La situation économique canadienne joue bien sûr un rôle important dans votre décision, mais lorsqu'il s'agit de votre résidence principale, ce sont les données liées à votre gestion budgétaire et à votre qualité de vie qui sont les plus pertinentes. L'achat d'une maison ou d'un condo, c'est d'abord une dépense familiale. Pour déterminer s'il vaut mieux acheter ou louer, le graphique ci-dessous devrait vous aider dans votre réflexion.

Pour ne pas finir dans les statistiques de reprises de finance, il est essentiel de ne jamais engloutir toutes ses économies dans l'achat d'un logement et de prendre des assurances offrant une protection suffisante, notamment en matière d'invalidité, de maladies graves et de décès.

Plus votre épargne liquide excédentaire est importante, plus vous respirerez et plus vous serez en mesure de faire face à des imprévus et à des hausses de taux d'intérêt. Selon une enquête[23] publiée en septembre 2016 par l'agence d'évaluation de crédit TransUnion, le seuil de résistance des emprunteurs est préoccupant. Si la Banque du Canada devait hausser son taux directeur de 1 %, un million d'emprunteurs pourraient se trouver en défaut de paiement mensuel. Et 700 000 ménages seraient dans une situation financière délicate avec une hausse de seulement 0,25 %.

Pourquoi une mise de fonds de 20 % ?

Il vaut mieux s'abstenir d'acheter une maison quand on ne peut pas apporter 20 % du montant total en mise de fonds. Si cette affirmation vous étonne, sachez qu'il y a trois raisons fondamentales à cela.

1. Vous n'aurez pas à payer l'assurance prêt de la Société canadienne d'hypothèques et de logement (SCHL). La prime peut être exorbitante et représenter jusqu'à

23. TVA Nouvelles, « Étude de TransUnion : Hausse de taux d'intérêt : êtes-vous à risque ? », *TVA Nouvelles*, 13 septembre 2016.

5,65 % de la valeur du logement. Pour une maison de 250 000 dollars, si vous n'apportez que 5 % de mise de fonds, vous devrez débourser près de 9000 dollars en assurance. N'avez-vous rien de mieux à faire avec cette somme ?

2. Vos mensualités seront moins importantes, ce qui vous donnera plus de marges de manœuvre budgétaire en cas de perte d'emploi, de maladie ou d'autres imprévus.

3. Le marché canadien de l'immobilier est surévalué dans certaines régions. Cela a-t-il un sens de jeter par la fenêtre des milliers de dollars pour acheter une propriété vendue 10 %, 20 % ou 30 % au-dessus de sa valeur véritable ?

Votre mise de fonds de 20 % fera office de « marge de sécurité » dans ce marché immobilier qualifié sur la scène internationale de totalement irrationnel[24]. La Deutsche Bank estime même que le prix des maisons dépasse de 60 % la moyenne historique canadienne.

---

24. Evan Siddall, « Le logement au Canada et la ville imaginaire : remédier aux vulnérabilités, aux lacunes dans les données et aux problèmes d'abordabilité », notes d'allocution du président de la Société canadienne d'hypothèques et de logement, 30 novembre 2016.

IMMOBILIER :
ACHETER OU LOUER ?

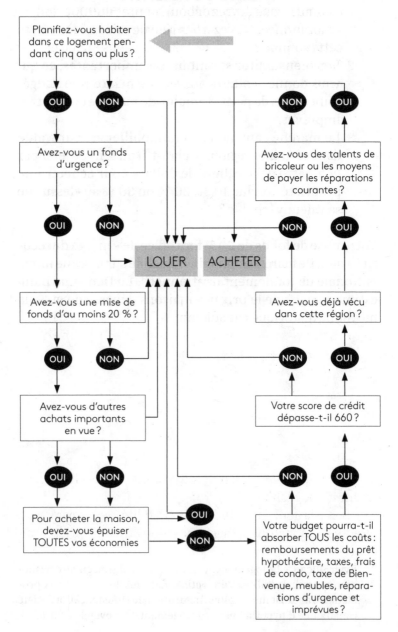

Le marché immobilier est-il cher ou pas ?

Vous allez peut-être me répondre qu'on crie au loup depuis cinq ans, que la *balloune* immobilière continue de grossir et que Major fait lui aussi partie des prophètes de malheur. L'achat d'une propriété est une des décisions financières les plus chargées sur le plan affectif. Les prix grimpent, vous n'avez pas encore votre maison, et vous en avez assez d'attendre.

Permettez-moi d'attirer votre attention sur l'« indice d'abordabilité » des grands marchés immobiliers mondiaux compilés par Demographia, une firme américaine de consultation en politique urbaine et en analyse de données démographiques[25]. Il n'y a là rien de bien compliqué : l'organisme a évalué la valeur moyenne des habitations dans les grandes métropoles du monde en fonction du revenu disponible des familles.

On entend souvent que les résidences de Vancouver et de Toronto sont hors de prix et surévaluées, alors que la situation est tout autre au Québec. C'est oublier un détail important : les revenus gagnés par les citoyens. Un marché économique s'ajustera souvent, mais de manière imparfaite, aux revenus disponibles des ménages. Bien sûr, les salaires sont plus élevés à Toronto et Vancouver.

Demographia estime qu'un marché immobilier est « abordable » lorsque le prix médian des propriétés est inférieur à trois fois le revenu médian des ménages. S'il est compris entre 3,1 et 4 fois ce revenu, il est « modérément inabordable ». Entre 4,1 et 5, nous sommes en présence d'un marché « sérieusement inabordable ». Enfin, lorsque le rapport est supérieur à 5,1, nous observons un marché « gravement inabordable ».

Selon la douzième étude d'abordabilité menée par Demographia[26], Moncton est l'agglomération où les propriétés sont

---

25. www.demographia.com/dhi-ratings.pdf.
26. *12th* Annual Demographia International Housing Affordability Survey: 2016, demographia.com/dhi2016.pdf.

le plus abordables au pays, avec un score de 2,3. Au Québec, la ville la plus abordable est Saguenay, qui obtient une note de 2,5. Vancouver décroche la troisième place des villes les plus chères au monde, avec un score de 10,8, juste derrière Sidney (12,2), mais loin derrière et Hong Kong (19).

À Montréal, le revenu médian des ménages est de 59 400 dollars. Comme le prix médian des propriétés est de 293 100 dollars — toutes habitations confondues —, le ratio est de 4,9. Le Grand Montréal entre donc dans la catégorie des marchés immobiliers « sérieusement inabordables ». Pour que les choses s'améliorent et que le marché ne soit plus que « modérément inabordable », il n'y a que trois possibilités : que les revenus médians augmentent de 23 %, soit 13 875 dollars par année ; que le prix des maisons baisse de 19 % ; que les prix des résidences subissent une correction de 10 % tandis que les salaires grimpent d'environ 12 %.

Des augmentations des revenus d'une telle ampleur m'apparaissent tout à fait improbables.

LES RATIOS DU BANQUIER ET... CEUX DE LA VRAIE VIE

Qui ne serait pas étonné et flatté d'apprendre qu'il aurait les moyens de contracter un prêt hypothécaire pour un manoir alors qu'il s'attendait à ne pas pouvoir se permettre plus qu'un petit *split-level* ?

Michel, de La Prairie, est tombé des nues lorsqu'il est allé magasiner un prêt hypothécaire. Sagement, il a décidé au préalable de faire évaluer par sa banque le montant qu'il pouvait se permettre. Il a un bon dossier de crédit et un bon travail de comptable avec sécurité d'emploi. Lui et sa conjointe ont quelques REER et des régimes de retraite. Alors qu'il s'attendait à pouvoir emprunter un montant d'environ 350 000 dollars, on l'a préqualifié pour une somme de 750 000 dollars.

« Mais comment peuvent-ils arriver à une somme pareille ? Je comprends maintenant mieux pourquoi les Canadiens sont si endettés. Les banques nous poussent à emprunter de plus en plus. Il est vrai que je pouvais me qualifier pour 750 000 dollars, mais j'aurais arrêté de vivre. J'ai d'autres choses à payer, moi. J'aime aller à la pêche, en voyage, m'habiller, sortir un peu. »

Voyez-vous, les ratios qui sont acceptables selon les banquiers ont été calculés au « pays imaginaire de Peter Pan ». Malgré les nombreuses reprises de finance — dont ils ne subissent presque jamais les pertes réelles —, les banqueroutes personnelles et les difficultés que beaucoup de familles ont à payer l'épicerie, les vendeurs d'hypothèques de succursale bancaire ont atteint leurs chiffres du trimestre et ont touché leur prime. Rien ne les empêchera de dormir.

Normalement, les vendeurs utilisent un ratio d'endettement pouvant aller jusqu'à 44 %. Ce ratio est obtenu en divisant la somme des obligations mensuelles par la somme des revenus mensuels avant impôts, et en multipliant le résultat par 100. Si vous m'avez lu attentivement, vous aurez remarqué qu'on fait ce calcul en ne prenant pas la somme des paiements mensuels NETS, mais le revenu BRUT. Mais qui donc au Canada vit avec des dollars avant impôts ? Cela n'a aucun sens.

Selon une logique plus raisonnable, l'approbation hypothécaire exigerait un ratio atteignant au maximum 35 %, et on prendrait seulement en compte les revenus nets. Vous voulez un conseil d'ami ? Calculez le budget mensuel total que vous êtes prêt à allouer à votre habitation, en incluant les taxes et les frais, et restez dans une limite confortable.

Revenons à Michel. Son histoire ne se termine pas avec son « hypothèque de manoir ». Deux ans après avoir acheté sa propriété — achat plus raisonnable que ce que la banque lui laissait miroiter —, on lui a offert une marge hypothécaire au motif qu'il avait une bonne « équité sur la valeur de sa propriété » et pouvait ainsi avoir accès à de bonnes sommes sur demande. Hum. Pas bête. Mais le hic, c'est qu'il fallait repasser chez le notaire, soit une dépense de 1200 dollars.

« J'ai l'habitude de négocier avec tout le monde, et particulièrement avec les banquiers. J'ai dit au vendeur qu'il devait absorber les frais de notaire, autrement je ne signais pas. Il a vérifié auprès de son patron et a ramassé la facture, mais à une condition : il voulait que j'utilise un montant minimum de 40 000 dollars de la marge au moins pendant six mois. »

Michel n'a pas refusé : il a décidé de prendre les 40 000 dollars et de les investir dans un fonds équilibré pendant six mois. La somme des intérêts atteindrait 600 dollars dans le pire des cas, il a jugé qu'il n'avait pas grand-chose à perdre.

Attention ! Un placement de six mois est considéré comme de la spéculation. Michel a eu chaud, mais au final, il a tout racheté pour 42 300 dollars. Il a réalisé 1700 dollars de profit, plus le montant de la facture du notaire, soit 2900 dollars sur le dos de la banque.

Admettons que Michel n'a pas froid aux yeux. Je ne vous recommanderais pas de faire cet exercice sans planification, et jamais à un horizon à si court terme. Michel a en réalité été très chanceux. S'il a fait un peu d'argent sur le dos de la banque, le banquier y a également gagné quelque chose : il a pu effectuer une vente supplémentaire qui a généré d'appréciables primes et bonis de fin d'année.

Et, au final, Michel a vu sa cote de crédit perdre des points, car sa marge, même inutilisée, a augmenté significativement la somme de ses emprunts. Son « potentiel d'utilisation » de crédit a la même valeur qu'une dette concrète. Un désavantage qu'on ne lui avait évidemment pas expliqué.

AMASSER LA MISE DE FONDS
DE SA PREMIÈRE PROPRIÉTÉ

En 2015, au sommet de l'*Association des professionnels de la construction et de l'habitation du Québec* (APCHQ), on a mis en évidence le frein le plus important à l'accession à la propriété des jeunes Québécois de 18 à 34 ans : réunir les capitaux pour financer la mise de fonds nécessaire à l'achat d'une première résidence.

Idéalement, comme nous venons de l'exposer, on doit amasser 20 % de la valeur de la propriété désirée. Dans le pire des scénarios, il faut faire assurer son prêt par la Société canadienne d'hypothèques et de logement (SCHL). Mais comme la valeur médiane des condos et des maisons ne cesse d'enfler, les 5 % que représente cette assurance prêt peuvent également être inaccessibles.

Ainsi, pour un condo de 240 000 dollars, il faut avoir 48 000 dollars (20 %) de capital. En passant par la SCHL, le ticket d'entrée ne sera plus que de 12 000 dollars (5 %), mais cette assurance prêt vous coûtera 8208 dollars plus une taxe de 9 %. Ce montant sera intégré à votre prêt hypothécaire et amorti selon le terme choisi. Vous comprenez que cela augmentera significativement les mensualités.

Pour concrétiser votre rêve immobilier, il faut cesser de vous bercer d'illusions. « En payant un loyer, je jette mon argent par les fenêtres ! » « On peut être propriétaire pour un paiement identique. » « Un condo, c'est un investissement. » Les affirmations de ce genre sont des mythes tenaces, truffés de mensonges ou d'exagérations. Voici la réalité : se loger, c'est avant tout une dépense ! À moins de sous-louer, votre achat rapportera très peu de capital à long terme.

Enfin, au Québec, selon la Fédération des chambres immobilières (FCIQ), en comptant la mise de fonds, il en coûte en moyenne 60 % de plus pour être propriétaire de son logement que pour en être locataire. Être locataire, cela exclut d'avoir à payer les taxes foncières, les taxes scolaires, les rénovations et les extras en tout genre qui sont le lot de tout propriétaire.

Autrement dit, pour vous offrir une propriété, vous devez avoir les reins solides. Pour une propriété de 240 000 dollars, prévoyez donc une mise de fonds de : 12 000 dollars + 4000 dollars pour les droits de mutation (taxe de Bienvenue) + 6000 dollars pour les aménagements (rideaux, clôture, peinture, déco...) = 22 000 dollars.

Épargner 22 000 dollars quand on a un salaire dans la moyenne[27] exige du temps et de la discipline. Voici ce que vous devez faire pour réussir à amasser cette somme en trois ans :

- Payez entièrement vos dettes de cartes de crédit ;
- Établissez un budget serré afin de dégager des surplus et respectez-le ;
- Épargnez en couple : avec deux salaires, ça ira plus vite ;
- Déterminez le prix cible de l'habitation souhaitée avec une marge de manœuvre ;
- Épargnez systématiquement chaque semaine 50 dollars chacun ;
- Déposez votre épargne dans un portefeuille de fonds modéré de qualité ;
- Identifier les fonds du premier quartile et/ou 4 et 5 étoiles Morningstar ;
- Mettez de l'argent dans un REER (dans l'optique d'ouvrir un Régime d'accession à la propriété – RAP) ;
- Utilisez votre remboursement d'impôt du REER (après déduction) pour contribuer à un CELI ;
- Ciblez les promoteurs et les municipalités qui offrent des promotions et des incitatifs d'accès à la propriété,

---

27. Exemple basé sur un dépôt combiné de 100 dollars par semaine, avec un rendement moyen annuel de 4 % et un taux d'imposition marginal de 35 %.

tels qu'un rabais de taxes, un retour de capital, ou une mise de fonds réduite.

LE LIBOR : LE CARTEL DES TAUX D'INTÉRÊT RÉVÉLÉ

Si vous aviez l'impression que les taux d'intérêt pouvaient être manipulés, vous n'aviez pas la berlue. Si le système paraît vicié à notre niveau, il ne peut pas être plus sain ou honnête dans les hautes sphères. C'est ce qu'a fait ressortir le scandale du Libor (*London Interbank Offered Rate*, le taux interbancaire de Londres). Le Libor est le taux d'intérêt de référence utilisé par les banques lorsqu'elles se prêtent des capitaux entre elles.

Les banques se prêtent couramment de l'argent à des échéances qui vont d'une semaine à six mois. Tous les jours, à onze heures du matin, les seize plus grandes banques internationales dévoilent la valeur de leur taux d'intérêt cible à la British Banker's Association (BBA). Ce n'est pas un marché de novices ; les valeurs en question avoisinent 90 000 milliards de dollars.

Le Libor sert de mesure étalon pour une quantité phénoménale de produits financiers. Il se camoufle derrière les taux des prêts hypothécaires à taux variables, des cartes de crédit et de toutes les grandes transactions interentreprises. Chaque changement de décimale dans les taux interbancaires déplace des millions de dollars et entraîne une cascade de décisions. Une variation d'un point de décimale a des répercussions sur les caisses enregistreuses de tous les commerces de la planète et dans les poches de tous les consommateurs, rien de moins.

Or, la BBA, ne se donnait pas la peine de vérifier les taux de ces seize grandes banques lorsqu'ils lui étaient transmis. Elle en tirait une moyenne, ni plus ni moins. Cela paraît un peu simpliste, mais ça peut fonctionner si ceux qui fournissent les taux n'ont aucune mauvaise intention. Vous

vous en doutez, ce n'était pas le cas. Pendant au moins vingt ans, les banques du groupe des seize se sont comportées comme un gang de rue.

Elles se consultaient et ajustaient le taux du Libor en fonction de ce qui les avantageait. Si l'économie était florissante, on pouvait faire monter les taux et générer ainsi plus de profits. Si l'économie tanguait, on maintenait les taux à un niveau artificiellement bas pour favoriser les institutions en danger. Évidemment, tout cela se transformait en bénéfices.

Le pot aux roses a été révélé par une banque complice de cette arnaque, qui a bénéficié de l'immunité en échange de sa dénonciation. Dans le monde financier, on n'hésite pas à qualifier le Libor de scandale du siècle. Selon moi, l'Union des banques suisses (UBS), la banque qui a fait ces révélations, a voulu se venger après avoir été dénoncée aux États-Unis pour avoir orchestré des stratégies d'évasion fiscale pour de riches Américains.

EN RAFALE – IMMOBILIER ET HYPOTHÈQUES

- Jusqu'en 1967, les banques canadiennes étaient tenues de ne pas offrir de prêts à un taux d'intérêt dépassant 6 %. À partir du moment où on a levé cette restriction, leurs profits ont explosé.

- La Canada Permanent Building & Saving Company fut une des premières à offrir des prêts hypothécaires, en 1855.

- En 2009, les reprises de finance pour non-paiement de toutes les hypothèques contractées aux États-Unis ont atteint 14,4 %. Pendant ce temps, au Canada, le taux de reprise était de 0,41 %.

- 9 % des demandeurs ne se qualifient pas pour un prêt hypothécaire.

- En 2007, le gestionnaire de fonds spéculatif John Paulson a empoché un profit personnel record de 3,7 milliards de dollars américains en pariant sur l'effondrement du marché des créances hypothécaires à haut risque (papier commercial).

- L'équité moyenne disponible sur les propriétés résidentielles canadiennes est de 70 %.

- La richesse totale des Québécois a dépassé les 1000 milliards de dollars en 2015.

- Pour amasser une mise de fonds de 25 000 dollars pour l'achat d'une maison, les Canadiens doivent en moyenne économiser pendant trois ans et demi.

- En général, les Canadiens remboursent leurs prêts hypothécaires cinq ans plus tôt que ce qui était prévu dans le contrat original.

- Si le solde de votre REER est suffisamment important, vous pouvez établir un REER-hypothèque. Vous pouvez ainsi utiliser votre épargne pour financer votre propriété et vous verser à vous-même les intérêts exigés.

- 79 % des prêts hypothécaires sont souscrits à taux fixes, même s'il est démontré qu'un taux variable permet de payer sa maison plus rapidement et de débourser moins en intérêts.

- Pour secourir les banques canadiennes engluées dans la crise financière de 2007-2008 — crise qu'elles avaient elles-mêmes causée —, le fédéral a dû débourser 114 milliards de dollars, sans compter les généreux programmes de rachat de prêts hypothécaires de la Société canadienne d'hypothèques et de logement (SCHL).

- Selon les estimations du site internet Insidealpha. com, chaque trimestre en 2009, les négociateurs de la Citibank auraient empoché 936 millions de dollars supplémentaires pour chaque repli de 0,25 % du Libor. En 2014, après enquête, l'Agence américaine de garanties des dépôts bancaires (FDIC) a porté plainte contre JPMorgan, Citigroup, Bank of America, UBS, Credit Suisse, HSBC, Royal Bank of Scotland, Lloyds, Barclays, la Société Générale, Deutsche Bank, Bank of Tokyo-Mitsubishi UFJ et la Banque Royale du Canada.

MIEUX COMPRENDRE LES CARTES DE CRÉDIT

Ce n'est pas la peine d'acheter un nouveau matelas si le crédit
que vous avez pris pour le payer vous empêche de dormir.
Patrick Sébastien, humoriste français

L'argent comptant n'est que la carte de crédit du pauvre.
Marshall McLuhan

En 1949, l'homme d'affaires Frank McNamara mange en compagnie de son épouse au Major's Cabin Grill de New York. Au moment de régler l'addition, il est bien embêté lorsqu'il réalise qu'il n'a pas son portefeuille sur lui. Cette mésaventure lui donne l'idée de lancer une carte de membre en carton assortie d'un crédit mensuel et acceptée dans quelques dizaines de restaurants chics de Manhattan, ainsi que dans deux hôtels. En 1950, alors qu'elle existe depuis seulement une année, la carte Diners Club a déjà dépassé le seuil des 10 000 membres. Pour l'anecdote, il est curieux qu'aujourd'hui, les droits américains de la première vraie carte de crédit au monde appartiennent à une banque canadienne, la BMO.

La société American Express ne date pas d'hier non plus. À ses débuts, en 1850, les services qu'elle offrait se limitaient aux transferts d'argent et à la livraison de colis, de mandats poste et de chèques de voyage. En 1959, plus de cent ans plus tard, Amex lançait la première carte de paiement en plastique, qui devient également la première du genre à compter plus d'un million d'utilisateurs. À l'origine, les conditions d'utilisation étaient plutôt innocentes : il fallait payer entièrement le solde à la fin du mois, sinon la carte était tout simplement annulée.

En 1966, Bank of America lance la BankAmerica Service Corporation, qui deviendra BankAmeriCard, puis Visa. La même année, un regroupement de banques crée l'Interbank Card Association (ICA), qui deviendra MasterCharge, et finalement MasterCard. MasterCard et Visa ont révolutionné le domaine du crédit puisque leurs réseaux permettaient une circulation de capitaux relativement rapide entre les marchands et les banques, moyennant frais et commissions, bien entendu.

L'histoire d'amour entre Warren Buffett et American Express

Vous voulez prendre une des décisions les plus rentables de votre vie ? PAYEZ entièrement le solde de vos cartes de crédit. Réduisez sa limite de crédit et achetez des actions de Visa et de MasterCard.

Un des meilleurs coups jamais réalisés par l'investisseur légendaire Warren Buffett fut d'investir au bon moment dans American Express. En 1963, malgré elle, la compagnie de cartes de paiement se trouva mêlée à une histoire de fraude impliquant une multinationale alimentaire. Amex avait financé l'achat d'un stock d'huile végétale pour vinaigrette pour 175 millions de dollars. Dans les faits, ce n'était que de l'eau à la surface de laquelle flottait un peu d'huile.

Lorsque la fraude fut rendue publique, American Express perdit sa mise, et la valeur de son action en Bourse chuta de 50 %. Warren Buffett y vit une occasion d'achat et y investit 13 millions de dollars. En 2016, son conglomérat Berkshire Hathaway possédait plus de 15 % de toutes les actions d'Amex en circulation, pour une valeur totale de 9 milliards de dollars.

LE CRÉDIT À LA CONSOMMATION AU CANADA

Vous êtes surpris par la rentabilité des sociétés de cartes de crédit ? Vous ne devriez pas. Cette profitabilité est inversement proportionnelle à l'endettement des ménages. Les chiffres publiés par Statistique Canada sont d'ailleurs inquiétants : 60 % de la dette totale de cartes de crédit sont imputables aux moins de 45 ans ; 50 % de ces personnes ont des enfants ; 48 % ont un solde impayé sur leurs cartes de crédit ; 41 % ont un montant à rembourser sur une marge de crédit ; 32 % ont d'autres dettes, comme des prêts bancaires personnels ; 18 % n'ont pas encore entièrement remboursé leur prêt étudiant ; 3 % ont des dettes personnelles (factures impayées et sommes dues à la famille et amis) ; enfin, 1 % ont eu recours à des prêts sur salaire.

Les principaux pièges à éviter

Le crédit vous réserve toute une série de pièges sournois. L'émetteur de votre carte de crédit est passé maître dans l'art de vous pénaliser et d'amplifier vos factures. Régulièrement, les organismes de protection des consommateurs jettent la lumière sur diverses tactiques fort discutables de l'industrie de la dette. Voici les principales.

Les taux promotionnels n'en sont pas : Les offres de taux préférentiels offerts à l'émission d'une nouvelle carte sont temporaires, et ils ne concernent que rarement les nouveaux achats. On veut bien transférer le solde d'une autre carte à frais réduits, mais pas les nouvelles dépenses et certainement pas les avances de fonds. Alors que votre nouvelle carte affichait un taux d'introduction sexy de 4 % d'intérêt, vous vous retrouverez à 19,99 % dans le temps de le dire, et le cercle infernal de l'endettement recommencera.

Méfiez-vous des paiements minimums : La majorité des grandes banques sont retombées dans leurs vilaines

habitudes consistant à proposer des taux de remboursement minimums d'à peine 2 % du montant du solde à payer.
Sous la pression de l'opinion publique, les institutions
financières ont augmenté ce taux, à 5 %, question de calmer
les autorités. Le chat est parti ? Alors, les souris se remet-
tent à danser.

Vous payez vos remises en argent : Les bonis dollars sont
une illusion. La vague des cartes de crédit avec remises en
argent est née de la chute de popularité des points de fidé-
lité, causée par les critiques acerbes sur les limites des cré-
dits-voyages. Les consommateurs échaudés par des
cadeaux deux fois plus chers qu'en magasin, ou par des
milles aériens inaccessibles, se sont laissés immédiatement
séduire par les remises en argent. Les sociétés émettrices
ont poussé l'audace jusqu'à réinstaurer les frais d'adhésion
annuels, qui avaient presque tous disparu. Vous l'aurez
deviné, cette remise ne tombe pas du ciel. La dépense
générée par les banques est facturée aux marchands, qui la
refilent immédiatement aux consommateurs en ajustant
leurs prix. Comme le disait Antoine Laurent de Lavoisier,
économiste, chimiste et philosophe du XVIIIe siècle : « Rien
ne se perd, rien ne se crée. Tout se transforme ».

Mais les marchands, petits et grands, en ont plein le
dos. Récemment, Wal-Mart Canada a tapé du poing sur la
table et a carrément exclu Visa de ses solutions de paiements dans ses magasins de l'ouest de l'Ontario et du Man-
itoba. L'entreprise menace d'exclure Visa de ses quatre
cents magasins canadiens. Avec une dépense annuelle en
frais de cartes de crédit de 100 millions de dollars, la
madame de Wal-Mart n'est plus contente. En janvier 2017,
une entente confidentielle régla le litige. Je serais surpris
d'apprendre que Wal-Mart ait plié.

Congé de paiement, mais pas des intérêts : Les offres de
congé de paiement sont souvent synchronisées avec la

hausse de votre solde. Attention, lorsqu'on vous offre de prendre congé de vos obligations financières, ce n'est pas gratuit. Le compteur tourne toujours au taux de 19,99 % d'intérêt. Ce n'est jamais par gentillesse ou pour vous rendre service qu'on vous fait ce genre de proposition, mais toujours par appât du gain.

Un cadeau en échange d'une carte : Aux abords des lieux achalandés comme les arénas, les centres commerciaux, les expositions ou les foires, on voit régulièrement des stands promotionnels offrant t-shirts, casquettes, sacs de sport ou autres gadgets. Là, on vous offre de souscrire à la hâte à une carte de crédit de grands magasins en échange d'un colifichet. D'abord, ces cartes ont un taux 50 % plus élevé que la moyenne et, ensuite, on ne fera qu'abîmer votre cote de crédit. Quant au cadeau de qualité douteuse, il a une durée de vie utile inférieure à une saison.

Les assurances solde ou complémentaires sont exorbitantes : En avez-vous réellement besoin ? Je suis loin d'être convaincu que c'est le cas. Vos assurances vie personnelle et collective du boulot vous protègent suffisamment pour une fraction du coût des assurances solde ou complémentaires.

Méfiez-vous des frais de change : En voyage, les marchands offrent souvent de convertir immédiatement la valeur des achats en dollars canadiens. Ne tombez pas dans le panneau. Cette conversion dynamique revient parfois à plus de 5 % du montant de l'achat. C'est le marchand qui empochera ce beau bonus sur votre dos, et l'émetteur de votre carte de crédit y ajoutera sa part additionnelle de 1,5 %. Mieux vaut s'informer sur les taux en vigueur avant de partir. Si vous voyagez souvent aux États-Unis, il serait justifié de vous procurer une carte en devise américaine. Vous pourrez ainsi faire vos remboursements à partir d'un compte bancaire en dollars américains.

L'ENDETTEMENT RECORD DES CANADIENS

Au Canada, l'ampleur du crédit à la consommation est devenue une menace à la stabilité économique. Le taux d'endettement des ménages canadiens approche les 170 %, vous l'avez lu quelque part, j'en suis convaincu. Mais, encore une fois, peut-être avez-vous fait comme si cela ne vous concernait pas. Cela devrait tout de même être préoccupant, n'est-ce pas, un taux de 170 % ? En clair, les Canadiens doivent près de 170 dollars pour chaque tranche de 100 dollars qu'ils gagnent.

Il est tentant de tempérer les choses en précisant qu'il s'agit en majorité de dettes hypothécaires et que le prix des habitations s'apprécie. Mais, sur un montant total de 1 973 milliards de dollars de dettes, celles qui correspondent au crédit à la consommation représentent 585,8 milliards. C'est considérable.

On a beau répéter que la valeur des résidences continue d'augmenter, cette croissance ne durera pas éternellement et ce n'est pas votre propriété qui vous fournira de la liquidité pour faire face à un coup dur ou pour payer l'épicerie. D'ailleurs, dans quelques agglomérations, les prix de l'immobilier commencent à baisser.

Pour savoir si votre niveau d'endettement est problématique, posez-vous les questions suivantes : Arrivez-vous à effectuer sans problème tous vos paiements mensuels ? Votre score de crédit est-il supérieur à 700 (voir les explications ci-dessous) ? Avez-vous assez d'économies pour tenir trois mois sans toucher de revenu ? Êtes-vous à jour dans vos paiements d'impôts et de taxes ? En attendant de toucher votre prochaine paie, avez-vous déjà dû emprunter de l'argent à des proches ? Si l'on réduisait votre salaire de 10 %, pourriez-vous respecter toutes vos obligations ?

C'est sans doute le crédit à la consommation qui étouffe le plus les ménages : 30 % de notre endettement vient de là. Les gouvernements Harper et Trudeau sont intervenus dans le passé pour ralentir la progression des prix sur le marché immobilier en limitant l'accès à la propriété. Il faudra bien également faire quelque chose pour contenir les dettes de cartes de crédit. Le taux directeur étant à 0,75 %, cela n'a pas de sens que les taux moyens des cartes Visa et MasterCard soient encore autour de 20 %.

Un taux si élevé est lourd de conséquences. Par exemple, si vous devez 10 000 dollars et ne remboursez chaque mois que le paiement minimum de 2 %, il vous faudra neuf ans et un mois pour effacer votre dette. La somme des intérêts que vous paierez totalisera alors 11 680 dollars, soit davantage que le solde d'origine de votre carte.

L'Autorité des marchés financiers (AMF) offre sur son site un calculateur très pratique qui permet de déterminer en combien de temps vous pourrez effacer vos soldes de cartes de crédit[28].

Et si l'on plafonnait les taux des cartes ?

Selon moi, pour éviter que la dette liée à la consommation ne contamine l'économie, il faudrait dès maintenant instaurer sur les cartes de crédit un taux maximum qui soit un multiple raisonnable du taux directeur et qui ne dépasse pas un certain plafond : par exemple, un taux maximum de quinze fois le taux de la banque du Canada avec un plafond de 15 %.

Dans l'état actuel du marché, cela donnerait un taux de 15 x 0,75 % = 11,25 %. Ce serait donc le taux plafonné que les banques émettrices de cartes pourraient facturer aux consommateurs. Bien sûr, elles seraient alors plus frileuses à offrir du crédit à ceux qui sont déjà pris à la gorge, ce qui serait une très bonne chose.

---

28. lautorite.qc.ca.

Les cartes de crédit des ultra-riches

Pourquoi les gens vraiment très riches ont-ils besoin de cartes de crédit ? Simplement pour ne pas avoir à se déplacer avec de fortes sommes sur eux et pouvoir s'offrir tout ce qu'ils désirent d'un simple geste. Si, un jour, les idées suggérées dans ce livre et de bonnes décisions d'affaires vous apportent la fortune, voici le genre de cartes de crédit qui pourraient se trouver dans votre portefeuille.

La première carte destinée à la classe des ultra-riches est l'American Express Centurion. Elle a également été la première carte de couleur noire. Les frais annuels sont de 2500 dollars, mais chaque exemplaire supplémentaire de la carte vous coûtera 5000 dollars. Ce n'est pas tout : pour conserver le privilège de vous en servir, vous devrez dépenser annuellement plus de 250 000 dollars américains.

La Coutts World Silk est la carte de crédit de Sa Majesté la reine Élisabeth II d'Angleterre. Pour l'obtenir, il vous faudra avoir un solde minimum mensuel moyen de 1 million de dollars dans votre compte à la banque privée britannique Coutts.

La Stratus Rewards Visa coûte 1500 dollars en frais annuels. Son programme de récompenses étonne tous ses détenteurs, et elle est fréquemment choisie par les utilisateurs de jets privés. Contrairement aux cartes noires des membres du club sélect des 1 %, la Stratus est entièrement blanche.

La JPMorgan Chase Palladium est la seule carte de crédit en alliage métallique de palladium et d'or. La carte elle-même vaut 1000 dollars. Ses frais annuels sont de 600 dollars. Chaque tranche d'achat de 100 000 dollars vous donne droit à 35 000 points de récompense.

La Visa Infinite de la Banque du Luxembourg ne vous sera proposée que si votre salaire annuel dépasse 100 000 dollars. Cependant, en matière d'avances de fonds, les retraits ne peuvent pas dépasser 15 000 dollars par jour, mais le plafond d'achat est tout de même de 500 000 dollars.

Enfin, la Dubaï First Royale MasterCard est la seule carte sertie d'un diamant de 0,235 carat. Outre son contour en or véritable, elle est l'unique carte du genre qui ne s'obtient que sur invitation. Inutile de la demander.

COMPRENDRE ET AMÉLIORER SA COTE DE CRÉDIT

En 2007, j'ai voulu acheter plusieurs électroménagers en même temps. Comme plusieurs d'entre vous, j'ai accepté la proposition du vendeur de ne rien payer avant un an. L'employé analyse mon dossier de crédit et me demande de confirmer mon adresse. Surprise! Ce n'est pas l'adresse de mon domicile qui apparaît dans mon dossier. Pourtant, selon l'agence d'évaluation du crédit, il s'agissait bien de la dernière adresse valide à mon dossier. Sur les bons conseils du vendeur, je vérifie mon dossier : cette adresse erronée pourrait me causer des ennuis.

Il avait raison. Un fraudeur travaillant chez mon fournisseur de services cellulaires avait modifié mes coordonnées afin de se faire livrer cinq iPhones à la résidence de son complice en les imputant à mon compte. Des appareils dont je n'ai jamais vu la couleur, mais dont la facture me fut réclamée. Si je n'avais pas acheté ces électroménagers, les mois se seraient écoulés sans que je me rende compte de rien, et l'arnaque aurait pu me causer des dommages plus sérieux.

C'est alors que j'ai compris que j'avais été victime d'un vol d'identité. J'ai donc commencé à vérifier mon dossier de crédit sur une base régulière. Depuis cette mésaventure, je le consulte au moins deux fois l'an. Cela me coûte environ 30 dollars par année, mais j'ai l'esprit en paix.

Comment les agences d'évaluation du crédit nous évaluent-elles ?

Les deux grandes agences d'évaluation du crédit actives au Canada sont TransUnion et Equifax. Avant même que vous ayez terminé vos études, elles avaient probablement une bonne idée de votre fiabilité en tant qu'emprunteur. Depuis vos 18 ans, elles compilent toutes vos demandes de cartes de crédit, de marges, de prêts, etc., ainsi que les informations concernant vos habitudes de paiements. Le moindre retard est méticuleusement enregistré.

Comme tous les prêteurs, les institutions financières et les partenaires d'affaires peuvent exiger de consulter votre dossier. Il doit être impeccable si vous souhaitez laisser une image favorable. Généralement, tous les éléments de votre dossier reçoivent une cote R — pour renouvelable. Voici une courte description de chaque catégorie :

R0 Dossier récemment ouvert, pas encore utilisé.

R1 Rembourse dans les trente jours, pas plus d'un paiement en retard.

R2 Rembourse dans les trente jours, pas plus de deux paiements en retard.

R3 Rembourse dans les trente jours, pas plus de trois paiements en retard.

R4 Rembourse dans les trente jours, pas plus de quatre paiements en retard.

R5 A encore plus de quatre paiements en retard.

R7 Effectue ses paiements après avoir pris une entente pour régler ses dettes.

R8 Reprise volontaire ou involontaire de possession. Marchandise retournée pour non-paiement.

R9 Mauvaise créance. Déménagé sans laisser d'adresse, placé en recouvrement ou faillite.

Dans son guide *Comprendre son dossier de crédit,* le conseiller en réorganisation financière et syndic en insolvabilité Pierre Roy tient à rappeler que le dossier de crédit et le score, ou pointage, sont deux choses complètement différentes : « Alors que votre dossier correspond à votre historique de crédit et à votre inventaire de dettes, le pointage est un chiffre calculé par l'agence pour mesurer le risque de vous consentir un prêt. C'est une manière de vous comparer aux autres Canadiens afin de connaître les probabilités que vous puissiez faire défaut de paiements[29]. »

TransUnion et Equifax n'utilisent pas la même méthode de calcul de pointage, ce qui fait en sorte que vous pouvez avoir un score de 711 selon une agence et 677 selon l'autre. Dans tous les cas, votre pointage va être compris entre 300 et 800. Contrairement à la croyance populaire, la majorité des Canadiens ont un excellent score de crédit, à plus de 760. Le tableau suivant illustre l'échelle de pointage (score de crédit), l'évaluation de risque pour chaque fourchette et le pourcentage de la population canadienne correspondant.

ÉCHELLE DE POINTAGE					
Score de crédit	300 à 559	560 à 659	660 à 724	725 à 759	760 et plus
Évaluation de risque	Mauvais	Raisonnable	Bon	Très bon	Excellent
Part de la population canadienne	4 %	10 %	15 %	14 %	57 %

Les agences estiment que plus de la moitié des personnes dont le score de crédit est inférieur à 500 représentent des cas de défaillance. Celles-ci pourraient ne pas

---

29. pierreroy.com

pouvoir honorer leurs engagements financiers. Parmi les personnes qui ont une note de 800, seulement 1 % pourraient avoir des ennuis. Vous comprenez que TransUnion et Equifax calculent donc avant tout une évaluation des probabilités de défaillance.

Selon l'Agence de la consommation en matière financière du Canada (ACFC), voici comment on peut améliorer son pointage :

1. Payez toujours vos factures à temps. Bien que le paiement des factures de services publics, comme le téléphone, le câble et l'électricité, ne figure pas dans votre dossier de crédit, certaines compagnies de cellulaires dénoncent les retards aux agences d'évaluation, ce qui peut affecter votre score.

2. Essayez de payer vos factures en entier avant la date limite. Si vous ne le pouvez pas, payez au moins le montant minimum qui figure sur votre relevé du mois de votre carte de crédit.

3. Rembourser vos dettes le plus rapidement possible.

4. Ne dépassez pas la limite de votre carte de crédit. Essayez de maintenir votre solde à un niveau bien inférieur à la limite. Plus votre solde est élevé, plus votre pointage de crédit en souffre. Vous en tenir en deçà de 50 % de la limite est plutôt sage.

5. Réduisez le nombre de demandes de crédit que vous faites. Si un trop grand nombre de prêteurs éventuels s'informent au sujet de votre crédit sur une courte période, votre pointage peut en souffrir. Par contre, le fait que vous demandiez des renseignements sur votre propre dossier de crédit n'a aucun effet sur votre pointage.

6. Assurez-vous d'avoir des antécédents en matière de crédit. Vous pouvez acquérir ces antécédents en utilisant une carte de crédit. Il est possible que votre pointage soit peu élevé tout simplement parce que vous n'avez jamais contracté de

prêts et démontré votre capacité à rembourser ceux-ci.

7. Essayez de rétablir votre pointage de crédit en demandant une « carte de crédit avec garantie ». Pour l'obtenir, vous devez effectuer un dépôt auprès de l'émetteur de la carte de crédit. Habituellement, votre limite de crédit correspond à un pourcentage de votre dépôt. Si vous réglez toujours votre compte de carte de crédit avec garantie avant la date d'échéance, vous établirez des antécédents en matière de crédit.

EN RAFALE – LE CRÉDIT

- En dix années, l'action de MasterCard a gagné 2317 %

- Le taux directeur de la Banque du Canada est à 0,75 %. En moyenne, le taux des cartes de crédit Visa et MasterCard des banques est de 19,9 %, ce qui représente un écart de 2565 %.

- Le solde moyen sur une carte de crédit est de 3745 dollars.

- La compagnie Visa n'émet pas de cartes de crédit. Ce sont les banques et les caisses qui le font. Ce sont également ces dernières qui établissent les taux.

- Il y a 72 millions de cartes de crédit Visa et Master-Card en circulation au Canada.

- Jusqu'en 1974, on accordait des cartes de crédit aux femmes uniquement si elles étaient mariées et que l'époux était cosignataire.

- Il en coûte 10 dollars à la banque pour annuler et remplacer une carte de crédit perdue ou volée.

- Les Canadiens qui déclarent faillite ont en moyenne quatre cartes de crédit.

- La dette moyenne des Canadiens est d'environ 22 000 dollars — excluant les prêts hypothécaires.

- La dette moyenne des Canadiens est de 93 000 dollars — en comptant les prêts hypothécaires.

- 56 % des Canadiens n'ont jamais vérifié leur score de dossier de crédit.

- Le Québec compte le plus de citoyens ayant un score de dossier de crédit supérieur à 750 (bon à excellent) au Canada.

- 44 % des Canadiens ont un solde sur leurs cartes de crédit.

- 3 % de la population canadienne a un score de dossier de crédit qualifié d'extrêmement risqué (moins de 520).

EN QUI PEUT-ON AVOIR CONFIANCE ?

Je sais enfin ce qui distingue l'homme de la bête :
ce sont les ennuis d'argent.
Jules Renard

Notre économie est de plus en plus dépendante du succès et de
l'intégrité des marchés financiers.
Michael Douglas, acteur américain

La gestion d'un patrimoine familial comporte son lot de pièges et d'obstacles. Le monde financier est sans pitié pour ceux qui ont peu de connaissances dans ce domaine ou ne s'y aventurent qu'à temps partiel. Si vous souhaitez augmenter vos chances de réussite, je vous recommande de vous adjoindre les services d'un professionnel de la finance personnelle. Mais comment trouver la bonne personne ? Par où commencer ? Voici quelques pistes.

Demandez à vos proches, parents et amis, de vous recommander un conseiller de confiance. Attention, les professions d'avocat, de comptable, de notaire, d'ingénieur, de fiscaliste, etc., ne sont pas autorisées à offrir des conseils en matière de produits financiers. Une fois que vous avez quelques noms, vérifiez si ces individus sont bel et bien inscrits au registre de l'Autorité des marchés financiers (AMF).

Après avoir effectué ce premier tri, vous êtes certain de ne pas tomber entre les mains d'un imposteur. Cette simple vérification aurait évité des pertes considérables aux victimes d'Earl Jones.

Ensuite, faites des recherches dans internet par l'entremise d'un moteur de recherche comme Google et sur les réseaux sociaux. Vous en apprendrez énormément sur ces candidats. Les conseillers qui ont une bonne présence sur le net souhaitent être transparents, et ce n'est pas négligeable.

Ne sélectionnez pas uniquement des employés de grandes institutions. Vous risqueriez de vous voir offrir une forte concentration de produits de leur banque. Les conseillers et planificateurs autonomes ont l'avantage de pouvoir proposer les produits de toutes les institutions, à l'image de ce que font les courtiers hypothécaires.

Maintenant que vous avez ciblé quatre ou cinq professionnels qui semblent répondre à vos besoins, contactez-les et prenez rendez-vous avec eux. La rencontre physique est capitale. C'est à ce moment-là que vous pourrez discuter avec la personne et savoir si ça peut cliquer.

Lors des entrevues de sélection, dites à ces professionnels que vous souhaitez en apprendre davantage sur eux. Posez-leur des questions franches et ouvertes et prenez des notes. Pourquoi œuvrent-ils dans le domaine financier ? Quel est leur parcours universitaire ? Comment sont-ils rémunérés ? Ont-ils des quotas de vente à atteindre pour conserver leur taux de commission, voire leur emploi ? Combien ont-ils de clients ? Ont-ils des assistants ? À quelle fréquence font-ils leurs suivis téléphoniques et en personne ?

En relisant vos notes à tête reposée, vous serez en mesure de choisir les deux candidats qui vous semblent les plus intéressants. Il ne vous restera plus qu'à leur demander de vous faire une proposition de services par écrit. Si vos montants à investir sont importants, rien ne vous empêche de retenir plus d'un candidat. Comme la diversification est toujours une sage précaution, vous pouvez définir les responsabilités incombant à vos conseillers par type de produits, par classe d'actifs (actions, obligations, liquidité) et par institution financière.

LE PREMIER CONTACT AVEC VOTRE CONSEILLER

Prendre un conseiller financier est payant. D'ailleurs, plusieurs études parviennent à peu près aux mêmes conclusions[30]. Les investisseurs qui recourent aux services d'un conseiller en finances personnelles réalisent 3 % net de plus en rendement sur leurs placements et obtiennent des revenus de retraite supérieurs de 29 % aux investisseurs qui n'ont pas de conseiller. C'est vrai pour les biens nantis, mais ça l'est davantage encore pour la classe moyenne et les moins riches.

Le professionnel de la finance encadre l'investisseur et le protège contre les mauvaises décisions qu'il pourrait prendre. En tant que gardien du patrimoine, il établit des stratégies sur mesure et ajuste la répartition en fonction de l'économie. Il sélectionne spécifiquement pour l'investisseur les instruments les plus efficaces fiscalement.

On l'a vu dans les chapitres précédents : les conseillers et vendeurs canadiens de produits financiers n'ont pas vraiment de « devoir fiduciaire ». Ils n'ont pas expressément l'obligation de vous offrir les meilleures solutions d'investissement du marché, mais seulement ce qui est « acceptable ».

Les limites du profil d'investisseur

Vous connaissez bien le questionnaire qu'on sort chaque fois que vous souhaitez ouvrir un REER et un CELI. D'ordinaire, il est plutôt ennuyeux, surtout lorsqu'on tombe sur un bureaucrate qui lit ses questions machinalement sur le ton d'une oraison funèbre : Êtes-vous âgé : entre 18 et 30 ans, entre 31 et 40 ans, entre 41 et 50 ans ? Votre revenu familial annuel se situe dans quel intervalle : moins de 20 000 dollars, de 20 à 50 000 dollars, de 50 à 80 000 dollars,

30. *La valeur des conseils*, IFIC 2010-2012 ; Raport Pollara 2011, CFIQ ; Rapport Cirano 2012 ; Le facteur Gamma de Morningstar 2013.

de 80 à 150 000 dollars, etc. ? Comment évaluez-vous vos connaissances financières : faibles, moyennes, bonnes, excellentes, niveau expert ?

À mon avis, s'il ne s'accompagne pas d'une conversation intelligente et humaine, ce genre d'exercice est inutile. Voici l'explication : en se limitant à une douzaine de questions très générales, on risque d'omettre les deux choses les plus importantes : À quoi l'argent investi servira-t-il ? et Qu'est-ce qui pourrait faire dévier l'investisseur de son intention d'investir ? Avoir une discussion franche avec un professionnel expérimenté est le moyen le plus sûr d'échapper au cadre flou d'un banal exercice de conformité bâclé.

Les questions à se poser avant d'investir

Après avoir rempli le questionnaire de profil d'investisseur et avant de placer votre argent, vous devez vous poser plusieurs questions importantes. Voici les quatorze les plus essentielles :

1. Qu'est-ce que je souhaite acheter ou financer avec mes économies ?
2. De combien de temps est-ce que je dispose avant de devoir retirer au moins la moitié de mes économies ?
3. Ai-je un plan financier complet ? Ce conseiller ou son équipe peuvent-ils me fournir un document de qualité personnalisé ?
4. Dois-je décortiquer mes objectifs financiers en plusieurs portions : à court terme (d'ici trois ans), à moyen terme (de trois à sept ans) et à long terme (au-delà de sept ans) ?
5. Ai-je une bonne sécurité d'emploi ?
6. Ai-je un coussin de sécurité suffisant en cas de perte d'emploi ou d'imprévu ?
7. Ma relation de couple ou ma situation familiale est-elle suffisamment solide ?

8. Ma santé ou celle d'un de mes proches est-elle inquiétante ?
9. Mon endettement ou celui d'un de mes proches est-il problématique ?
10. Suis-je affecté par une dépendance quelconque ?
11. Qu'est-ce qui pourrait modifier mes plans et mes objectifs ?
12. Suis-je à l'aise avec le conseiller ou le planificateur ? Ai-je suffisamment confiance en lui ? A-t-il une formation générale supérieure au minimum requis ?
13. Travaille-t-il uniquement dans mon meilleur intérêt ?
14. Est-ce que je me vois travailler avec cette même personne pour une décennie ou plus ?

Si la majorité de ces questions ne sont pas abordées pendant vos premières discussions avec le représentant de l'institution financière, vous êtes peut-être en présence d'un employé qui n'est pas à sa place et qui ne fait que le strict minimum. C'est un mauvais début.

LES BANDITS ONT RENDU SERVICE AUX BANQUES

Les affaires Norbourg, Earl Jones, Madoff et Carole Morinville ont bien rendu service aux banques traditionnelles. Sans nuance, sans détour, certains employés carburant au bonus ont fait peur aux clients d'organisations plus petites en leur disant que seules les grandes institutions à succursales constituent un gage de sécurité pour leur capital. Pourtant, des voleurs et des crapules, il y en a partout. La libération de Vincent Lacroix en 2011 a relancé un douloureux débat auprès des investisseurs.

Qui sont les professionnels de l'industrie financière dignes de confiance ? Après tout, nos REER et CELI renferment souvent les économies de toute une vie et de toute la famille. En 2014, sur les ondes du 98,5 FM, avec Isabelle Maréchal, j'ai discuté de la situation avec la juricomptable Hélène Bouchard. Les auditeurs étaient invités à s'exprimer dans le cadre d'une tribune téléphonique. Maladroitement, madame Bouchard suggérait aux auditeurs de ne confier leurs économies qu'à de grandes institutions. Évidemment, cela n'a pas de sens ! Il est aussi ridicule d'affirmer une chose pareille que de prétendre qu'on devrait manger uniquement dans les chaînes de restauration rapide. Je n'ai pas hésité à le lui dire.

Depuis l'éclatement de l'affaire Norbourg, plus rien n'est pareil. Si l'on attrapait une autre crapule du genre aujourd'hui, elle croupirait à l'ombre plus longtemps que ses prédécesseurs. Les amendes et les peines de prison qu'encourent les fraudeurs sont bien plus dissuasives qu'il y a dix ans, et l'on peut maintenant imposer au pénal des peines consécutives.

Le nombre d'employés de l'Autorité des marchés financiers (AMF) affectés aux enquêtes pour fraudes et détournements de fonds a triplé. D'une cinquantaine à l'époque, ils sont maintenant passés à près de cent cinquante. L'AMF a ouvert tous les canaux de communication possibles pour informer le public sur les manœuvres des fraudeurs : journaux, télé, radio, web... Désormais, on ne peut plus passer à côté des nombreux messages consacrés à la prévention.

La coordination avec les services de police n'a jamais été aussi étroite. Enfin, l'AMF est en mesure de repérer rapidement les annonces, les offres et les bannières de site web qui proposent des placements douteux.

Histoires d'horreur

Est-ce un gage de sécurité que de confier ses économies à un employé d'une grande banque ? Y sont-elles plus en sécurité que dans une institution plus modeste ? Pas nécessairement. Voici quelques cas récents qui vous ont peut-être échappé.

Abdelkarim Ziani figurait dans la liste prestigieuse des dix meilleurs directeurs de la BMO. Ce jeune et brillant conseiller de Laval a été radié par la Chambre de la sécurité financière au mois d'août 2016 pour une durée totale de dix ans. Ses problèmes de jeu l'avaient poussé à dérober 250 000 dollars dans les comptes des clients de la banque de la succursale du boulevard Saint-Martin.

Pendant quatre ans, Josie Cioffi, directrice d'une succursale de la Banque Royale du centre-ville de Montréal, a détourné frauduleusement plus de 4 millions de dollars. En 2009, à l'issue de son procès, madame Cioffi s'en est d'abord sortie sans trop de dommage. Elle a écopé d'une peine de deux ans moins un jour à purger dans la collectivité. Mais en 2010, la Cour d'appel a révisé sa peine, lui infligeant trente-cinq mois de prison ferme. Son complice, Lorrain Théroux, a été condamné à une peine de quatre ans de prison.

En février 2014, Gilles Marcil a été congédié par le Centre administratif Desjardins Laval-Laurentides. Il a avoué avoir mis la main sur le code d'accès d'un confrère pour accéder au compte du grand livre comptable de la Caisse de Saint-Jérôme. Marcil et sa conjointe ont ainsi détourné 636 876 dollars.

À l'automne 2007, les Autorités canadiennes en valeurs mobilières (ACVM) ont imposé une amende de plus de 800 000 dollars à la Financière Banque Nationale. Cette dernière avait manqué à ses devoirs de superviser adéquatement quelques-uns de ses conseillers de Joliette et du centre-ville de Montréal. La Financière aurait fait preuve d'un « laxisme exceptionnel » face aux comportements inacceptables d'une équipe de représentants. Cette sanction, parmi les plus sévères jamais imposées à un groupe financier, a aussi occasionné le départ d'un vice-président de l'institution, Fernando Meffé. Le banquier avait signé les formulaires d'ouverture de comptes d'options pour près de cent clients sans les consulter.

Guy Lanthier était représentant en épargne collective et planificateur financier pour la Banque Scotia de Gatineau. En octobre 2011, il a été radié pour une période de deux ans. Il avait eu la brillante idée de contrefaire la signature de la directrice de sa succursale afin que soit approuvés des projets de financement bénéficiant à des organismes sans but lucratif de sa région dont il était membre et dirigeant.

Toujours en 2011, le groupe financier BMO a dû se défendre dans quatre poursuites pour complicité. La grande banque était impliquée dans une vaste fraude de type Ponzi, pour un total de près de 4 milliards de dollars, commise par Tom Petters, un citoyen du Minnesota. Selon l'accusation, qui demandait 24 milliards de dollars de dédommagement, la direction de la banque Marshall & Ilsley — rebaptisée plus tard BMO Harris — avait été complice de Petters en légitimant ses agissements et en facilitant ses actes frauduleux. Petters a été condamné à purger cinquante ans de pénitencier dans un établissement fédéral.

En avril 2013, Diane Saint-Martin, conseillère « performante et très appréciée » par ses confrères et consœurs de la Caisse Desjardins de Drummondville, a été condamnée à quinze mois de prison et deux ans de probation. Les fraudes démontrées totalisaient 800 000 dollars. Pour parvenir à ses fins, Saint-Martin avait créé des comptes fictifs, falsifié des factures et réalisé des transferts frauduleux.

En janvier 2013, Bassam Salman, conseiller à la Banque de Montréal, annonçait à ses patrons qu'il avait intention de prendre sa retraite et de retourner dans son pays d'origine, le Liban. Salman, en poste depuis vingt-cinq ans à la succursale du Vieux-Montréal, avait préalablement pris soin de détourner près de 9 millions de dollars au détriment des clients et de répartir cette coquette somme dans des comptes situés en Arabie saoudite, en France, au Koweït, au Maroc et aux États-Unis. Dans ses loisirs, cet homme « fiable et poli » était collectionneur de voitures sport. Après une enquête complexe et de longue haleine, Salman a été arrêté le 21 juin 2017 par les enquêteurs des Fraudes financières du Service de police de la Ville de Montréal à Longueuil. Le lendemain, cinq chefs d'accusation étaient retenus contre lui : fraude, usage de faux, utilisation ou possession d'un document contrefait et vol de cartes de crédit.

Enfin, cerise sur le sundae, pendant des années, se réfugiant derrière le bouclier de la Loi sur les banques, la CIBC a obstinément empêché la Chambre de la sécurité financière du Québec — le bras disciplinaire de l'AMF — de faire enquête sur les cas de neuf conseillers employés par l'institution de 2009 à 2012. Ces derniers avaient été congédiés pour faute grave. Des cas d'appropriation de fonds des clients avaient même été soulevés. Comme ces conseillers possédaient des permis de représentants en épargne collective (fonds de placement) de juridiction québécoise, la Chambre était pleinement habilitée à faire toute la lumière sur ces affaires.

En 2015, le juge Louis Lacoursière, de la Cour supérieure du Québec, a tranché la question en ordonnant à Placements CIBC de fournir aux enquêteurs tous les documents et toutes les informations en lien avec les événements ayant conduit au congédiement des neuf employés de la banque.

S'adressant aux journalistes du site internet Conseiller.ca, Luc Labelle, ancien président de la Chambre de la sécurité financière, a dénoncé l'attitude cavalière dont font ainsi preuve la grande majorité des banques. Leur refus obstiné de collaborer aux enquêtes vise-t-il uniquement à protéger leur image ? « Qu'en est-il de la protection du public ? s'interroge monsieur Labelle. Un représentant pourrait être congédié, ne pas avoir de probité, mais continuer à détenir son permis et à exercer sa profession ailleurs. »

Les plus petits cabinets sont aussi sûrs que les gros

Le directeur des relations médias de l'AMF, Sylvain Théberge, estime qu'il n'y a pas de risque zéro, pas plus au sein des grandes institutions que des petites. « Le public est aussi bien protégé du côté des petits cabinets », m'écrit-il en réponse à mes questions.

Habituellement, un investisseur va opter pour un conseiller ou un planificateur autonome pour plusieurs raisons : la qualité du contact humain, la proximité, la disponibilité et le sentiment de ne pas être un client parmi beaucoup d'autres. La plupart des conseillers autonomes n'ayant aucun produit maison à vendre ou quota à remplir, ils peuvent donc inclure dans leur offre les produits et services provenant de toutes les grandes institutions financières.

Comment aider le public à identifier le professionnel digne de gérer ses économies ? « On en revient toujours à l'essentiel, explique monsieur Théberge. Peu importe vers qui l'investisseur se tourne, l'important est la relation de confiance qui s'établira. Le conseiller prend-il le temps de vous écouter, de bien cerner vos objectifs, vos inquiétudes, votre profil d'investisseur ? Sentez-vous qu'il a votre avenir financier à cœur et qu'il prend le temps de bien vous expliquer les choses ? »

Le banquier au polygraphe

J'entretiens depuis deux décennies un fantasme professionnel. Permettez-moi de le partager avec vous. Le voici : je m'imagine en train de passer une journée complète avec le chef de la direction d'une grande banque et de le soumettre au test du polygraphe, le fameux « détecteur de mensonge ».

Je m'amuserais à lui poser des colles de toutes sortes. Comme vous, je me suis bien rendu compte que la méfiance est la meilleure attitude à avoir en face d'un employé d'une banque. Ces individus ne sont pas nés de la dernière pluie en matière de fourberies. Ils disposent d'une foule de trucs pour soutirer des frais, des pénalités, des dépenses, des débours, des commissions, etc. Ils les débaptisent et les rebaptisent de tous les noms, mais il n'en demeure pas moins que cela nous coûte extrêmement cher. Il faut être très vigilant pour réussir à conserver ses actifs intacts.

Le langage et les écrits du banquier sont truffés de demi-vérités, de phrases creuses, de termes juridiques et de notes de bas de page en caractères microscopiques. On signe les documents parce qu'on a besoin d'un prêt ou de placer ses REER, mais on a toujours un doute. On sait, au fond, que la banque gagne toujours à ce petit jeu.

Pour vous aider à avoir l'heure juste, voici quelques affirmations qu'on entend couramment en succursale ainsi que la traduction qu'il vaut mieux en faire.

AFFIRMATIONS DU BANQUIER	TRADUCTIONS DU POLYGRAPHE
Vous avez un excellent dossier de crédit, mais....	Vous connaissez un peu trop nos méthodes, on ne fera pas d'argent avec vous.
Le marché est trop cher, on doit vendre une partie de vos placements.	On déclenchera soit du gain en capital imposable, soit des commissions, ou les deux.
C'est un très bon moment pour faire des placements.	Je dois atteindre mes chiffres de ventes du trimestre pour conserver mes bonis.
Nos frais de gestion sont inférieurs à ceux de la concurrence.	Nos rendements sont inférieurs à ceux de la concurrence.
Ce fonds est le meilleur de sa catégorie...	... et le rendement de la catégorie est de -20 % depuis un an.

Il n'y a aucuns frais de rachat.

... juste des pénalités de transfert.

Vous pourrez annuler votre prêt en tout temps.

Mais vous devrez nous payer la somme des intérêts qu'on aurait dû faire.

Nous ferons une analyse gratuite de votre dossier...

... pour savoir combien de frais nous pourrons en tirer.

Pour votre REER de cette année, essayez ce nouveau produit.

Il est bien plus payant pour nous que l'ancien.

Ouvrez un compte CELI et recevez un iPad.

Ne vous en faites pas, on se remboursera avec les intérêts que vous ne toucherez pas.

Ouvrez un compte REER et recevez un iPad.

Et les mouchards (cookies) de nos applications web nous dévoileront toutes vos habitudes de consommation.

Obtenez jusqu'à 7 % de rendement...

... cumulatif au bout de quatre ans.

Notre institution sera ravie de vous prêter la somme nécessaire...

... si vous déposez le même montant dans un certificat de dépôt garanti en notre faveur.

Nous avons remarqué un solde important dans votre compte.

Nous pourrions vous trouver un autre produit plus gourmand en frais qui serait davantage dans notre intérêt.

EN QUI PEUT-ON AVOIR CONFIANCE ?

Notre compte d'épargne vous offre un rendement avantageux de 1 %.	Si l'on soustrait la portion imposable et l'effet de l'inflation, votre rendement réel net sera de -0,9 %.
Bonjour, monsieur Giguère.	Bonjour, #06480178.
Faites autant d'opérations que vous le voulez.	Au-delà de douze, on vous facturera des frais supplémentaires.
Choisissez le forfait avantageux qui vous convient.	On ne vous dira pas lequel est le moins gourmand si vous ne nous le demandez pas.
Certaines conditions s'appliquent.	Certains frais ne sont pas inclus.
Ce placement est 100 % garanti.	C'est garanti que vous ne ferez pas d'argent avec.
Nos experts vous reçoivent de 10 heures à 18 heures.	Nos vendeurs vous reçoivent de 10 heures à 18 heures.
Ce conseiller vedette a gagné de nombreux prix.	Ce conseiller vedette est notre plus gros vendeur.
Laissez-nous vous faire un plan financier.	On veut rapatrier et concentrer tous vos placements chez nous.
Vous êtes admissible à un prêt hypothécaire de 600 000 dollars.	Vous serez pris à la gorge. Et si vous devez faire faillite, c'est la SCHL qui absorbera la perte.

Il est possible que notre taux de marge de crédit change sans préavis.	Nos taux vont assurément monter, mais ils ne baisseront jamais.
Avec un certificat de placement garanti, vous conserverez votre capital.	Mais en calculant l'inflation et l'impôt, votre pouvoir d'achat diminuera.
Voici le placement que je vous recommande.	Voici le placement que mon patron veut que je vous recommande
Votre excellent dossier nous a incités à augmenter votre limite de crédit.	On a remarqué que, pendant plusieurs mois consécutifs, vous avez dû payer des intérêts sur le solde de votre carte de crédit.
On vous offre notre taux préférentiel.	C'est le nôtre, pas le vôtre.
On peut facilement convertir vos dollars canadiens en argent U.S.	On peut facilement se faire 30 dollars par tranche de 1000 dollars que vous changez.
Nous avons encore diminué les frais de gestion de nos fonds.	On veut freiner l'érosion des clients qui quittent notre banque massivement, insatisfaits par les rendements.
L'assurance prêt ne coûte que 2 dollars...	... par mois, par tranche de 10 000 dollars.

Comment tromper les petits entrepreneurs ?

Michel Chicoine est consultant en financement d'entreprise dans la région de Québec. Président fondateur de Chicoine Conseils, il a été directeur de succursale bancaire, directeur de la gestion person- nalisée et gestionnaire des services bancaires aux PME pendant une décennie. Il a été témoin et partie prenante de décisions bancaires autant à la Banque Nationale, à la CIBC qu'à la Banque TD.

Dans le texte qui suit, publié le 26 février 2016 sur sa page LinkedIn, il énumère toutes les raisons qui l'ont poussé à quitter l'univers des grandes banques et à fonder sa propre boîte.

Voici ce que votre directeur de compte ne vous dira jamais :

« Je n'ai aucune connaissance dans la gestion d'une entreprise. Je n'en ai jamais eu. »

« Je peux faire en sorte qu'il n'y ait pas de chèques sans provision même si je remarque que la limite de votre marge de crédit est dépassée. »

« Je ne peux pas vous aider à trouver un profes- sionnel externe, car la banque m'en empêche. »

« Je ne suis pas autorisé à vous expliquer comment bien préparer votre dossier pour que vous soyez assuré qu'il soit accepté. »

« Je refuse votre dossier parce que nous finançons déjà trop ce secteur d'activité. »

« Quand je regarde votre dossier, je cherche d'abord toutes les raisons qui feraient en sorte qu'il soit refusé. C'est plus facile que de le pré- parer pour le centre de crédit. »

«J'ai des objectifs à atteindre et votre dossier ne cadre pas avec ceux-ci, ou la demande de crédit est trop basse pour que j'y consacre du temps.»

«Je ne vous conseillerai pas de prendre un compte bancaire d'une autre institution même s'il est plus avantageux et moins cher que ceux que nous offrons.»

«Les seuls produits de financement commercial que je connaisse sont ceux de la banque. Même si je connais l'existence d'un produit offert par une autre institution qui vous convient mieux, je n'ai pas le droit de vous en parler.»

«Les banques ne sont pas là pour perdre de l'argent ou pour faire du capital de risques. Elles ne veulent pas vous aider.»

«La plupart des entrepreneurs qui n'obtiennent pas leur prêt sont mal préparés ou mal conseillés par leur avocat ou comptable. Ces derniers ne connaissent pas les exigences de la banque et encore moins le bon produit de crédit à utiliser.»

«La banque ne prend aucun risque. Vous prenez le risque à 200 %.»

«La banque ne sera jamais votre partenaire d'affaires. Elle est une fournisseuse de services.»

«Il existe des programmes gouvernementaux pour votre entreprise. Je ne vous en informerai pas. Ceci diminuerait la somme de financement et nuirait à mes objectifs.»

«Je pourrais vous rembourser certains frais relatifs à des chèques sans provision, mais je ne le ferai pas, car cela affecte la rentabilité de la banque.»

«Je ne vous expliquerai pas comment améliorer votre dossier ni comment faire plus de profit en augmentant vos revenus ou en diminuant certaines dépenses.»

QUAND FAUT-IL CONGÉDIER
SON CONSEILLER FINANCIER ?

Au début de chaque année, plusieurs prennent la résolution de mettre de l'ordre dans leurs finances personnelles. Sage décision.

Avant d'aller plus loin, posez-vous les questions suivantes : Êtes-vous bien secondé ? Le conseiller ou le planificateur responsable de vos actifs est-il suffisamment compétent ? A-t-il du temps à vous consacrer ? Et la question qui tue : Voit-il à défendre vos intérêts avant les siens ou ceux de la banque ou de la caisse pour laquelle il travaille ?

Peut-être est-il temps pour vous de congédier votre conseiller financier. C'est certainement le cas si vous vous trouvez dans l'une des sept situations suivantes :

1. Votre conseiller ne veut pas vous dévoiler vos rendements moyens des dernières années, ni les comparer à la moyenne de l'industrie. Cette information cruciale est pourtant l'équivalent de son bulletin de notes. Si l'on refuse de vous montrer ces chiffres, c'est que l'individu ou l'organisation en question ne sont pas professionnels. Tournez-vous vers quelqu'un qui l'est !

2. Votre conseiller insiste pour vous vendre les produits de la même institution financière. Gardez à l'esprit que ce ne sont pas les colifichets, les babioles et les ristournes aléatoires qui financeront votre retraite, mais de vrais résultats nets dans vos REER et CELI.

3. Votre conseiller ne vous a toujours pas préparé de plan financier. Récemment, un couple dans la cinquantaine me confiait qu'après dix ans de promesses, leur conseiller d'une compagnie d'assurances respectable de Québec n'avait pas encore pris le temps de leur préparer des projections de retraite en bonne et due forme. C'est inacceptable ! Les frais financiers que vous payez servent entre autres à ça.

4. Votre conseiller vous offre seulement des certificats de placement garanti (CPG) non rachetables. Cela signifie qu'il ne travaille pas pour vous. Il est très facile de dénicher des produits offrant le même rendement, mais encaissables en tout temps sans pénalité. De même, si votre conseiller garnit vos REER et CELI uniquement de CPG boursiers comportant un plafond de rendement, il est évident que vos intérêts passent après ceux de l'institution.

5. Votre conseiller a un éventail de produits très restreint et un plancher de ventes à atteindre. Traduction : il travaille sous pression. Pour vous en assurer, posez la question à votre conseiller, ou mieux, à son patron.

6. Vous ne saisissez pas un traître mot de ce que votre conseiller dit durant un entretien. Il y a un problème : un professionnel de la finance doit avoir des qualités de communication, et, pour travailler de façon efficace, votre conseiller doit réussir à se faire comprendre et, surtout, vous écouter et comprendre vos préoccupations.

7. Votre conseiller ne vous donne jamais de nouvelles ou ne vous rappelle pas. Virez-moi tout de go celui (ou celle) qui se comporte de la sorte. Il ne mérite tout simplement pas de gérer les avoirs que vous avez gagnés à la sueur de votre front.

Je m'attends à ce qu'on assiste bientôt au Canada à un phénomène qui s'observe déjà en Angleterre et en Australie depuis quelques années : il sera de plus en plus difficile de dénicher un conseiller vraiment empathique et méticuleux. Les professions liées au conseil en finances personnelles se transforment rapidement sous l'effet de quatre tendances importantes : la fin des commissions intégrées aux produits ; une diminution des frais des manufacturiers ; le ménage fait par les autorités dans les titres professionnels ;

le « devoir fiduciaire » (obligation de servir les meilleurs intérêts).

Les conseillers qui ont le souci de maintenir le niveau de qualité de leurs services vont limiter leur nombre de clients. Les personnes de confiance vont ainsi devenir plus rares. En d'autres mots, les conseillers très affairés qui se fixent des normes éthiques supérieures aux exigences des lois et règlements vont avoir le loisir de choisir leurs clients.

La transparence des frais

Pour la plupart des investisseurs, 2017 est une année de grandes surprises. Les changements apportés aux lois et règlements concernant les valeurs mobilières canadiennes obligent toutes les firmes de courtage à vous dévoiler clairement les rendements de vos placements sur les périodes d'un an, deux ans, trois ans, cinq ans et dix ans, et ce, depuis l'ouverture de votre compte. Mais surtout, les frais financiers de courtage et de commissions de toutes sortes que le cabinet puise dans vos REER, FERR, CELI, REEE et autres investissements devront désormais figurer clairement sur les nouveaux relevés de placements. Cela vous donnera donc une indication précise, en points de pourcentage et en dollars, de ce que la partie conseil et courtage vous coûte. Si vous pensiez que c'était gratuit, vous pourriez tomber en bas de votre chaise !

Ainsi, pour un compte totalisant 100 000 dollars, il sera fréquent de relever des frais annuels avoisinant les 1000 dollars. Bien sûr, vous aurez ensuite le droit de poser la question qui tue à votre conseiller : Pour tous ces frais, qu'est-ce que j'obtiens en retour ?

EN RAFALE – LA CONFIANCE

- C'est en 1923, à la suite de la faillite de la Home Bank, que le Canada se dote d'un Inspecteur général des banques.

- Il y a quatre-vingts banques canadiennes. Sur 10 dollars qui changent de mains au pays, les six banques les plus importantes en contrôlent 9 dollars. Il est temps de vous intéresser aux soixante-quatorze autres banques et aux centaines d'autres institutions tout aussi bien encadrées.

- Francis Hincks, père de la première Loi sur les banques (1871), fut jugé pour plusieurs infractions financières et fraudes.

- Samuel Zimmerman, un des premiers banquiers canadiens, fut impliqué dans la vaste escroquerie de la compagnie ferroviaire Great Southern.

- La totalité des actions de la Banque du Canada est émise au nom du ministre des Finances du pays.

- Le 4 novembre 2010, pour la première fois, un recours collectif pour atteinte à la vie privée a été autorisé au Québec contre la Banque Nationale à la suite du vol de trois ordinateurs portables à son siège social. Les ordinateurs n'ont jamais été retrouvés.

- Entre 1867 et 1914, le taux de faillite des banques canadiennes a atteint 36 %, contre 22,5 % aux États-Unis.

- La Société d'assurance-dépôts du Canada protège les comptes des déposants uniquement en cas de faillite de l'institution, mais pas en cas de perte de valeurs, de mauvaises affaires, de manque de liquidité ou autres risques du marché.

- La CIBC a été impliquée dans l'affaire Enron, une des fraudes financières les plus spectaculaires des

États-Unis. L'Agence du revenu du Canada a même qualifié de «flagrante et odieuse» l'inconduite de la banque. La CIBC a dû verser 2,4 milliards de dollars américains en dédommagement aux investisseurs floués.

- Dans le Code criminel, une fraude de plus de 5000 dollars est passible d'une peine de prison allant jusqu'à dix ans.

- La Société d'assurance-dépôts du Canada ne protège pas les comptes de banque en devises américaines ou d'autres pays.

- En 1985, la Banque commerciale du Canada et la Norbanque déclaraient faillite, ce qui a obligé la Société d'assurance-dépôts à effectuer des versements d'indemnisation sans précédent.

- Depuis 1923, on compte seulement deux faillites de banques au Canada, contre plus de 17 000 aux États-Unis.

- En juillet 2017, empêtrée dans des histoires de fraudes et de malversations, la Banca Monte dei Paschi di Siena a bénéficié d'une aide du gouvernement italien visant à la sauver de la faillite. Le montant s'élève à 5,4 milliards d'euros.

- Charles Ponzi, à l'origine du célèbre stratagème frauduleux qui porte son nom, trouva son inspiration dans les pratiques du patron d'une banque de la rue Saint-Jacques, à Montréal.

L'IGNORANCE AU SERVICE DE LA FINANCE

J'aime garder mon argent à la banque.
Je ne prends pas de risque. Je ne sais rien sur les marchés
financiers... Je me tiens loin de ce que je ne connais pas.
Wayne Gretzky

Depuis quelque temps, une boutade fait le tour des réseaux sociaux. Elle est assez populaire, car en quelques lignes, elle révèle une des plus importantes lacunes de notre système d'éducation.

Ce que je n'ai jamais appris à l'école :

– C'est quoi les impôts ?
– Comment faire ma déclaration d'impôts ?
– Comment et pourquoi voter ?
– Comment faire un curriculum vitae ?
– Comment gérer son compte de banque ?
– Comment demander un prêt ?
– Comment se qualifier pour obtenir un prêt ?
– Comment acheter une voiture et une maison ?

... Mais une chance que je connais le théorème de Pythagore !

Les jeunes adultes qui peuvent répondre adéquatement à la majorité de ces questions sont aussi rares que les banquiers sans cravate. Il est quand même incroyable que des choses aussi essentielles ne soient pas enseignées, ou à peine, dans nos établissements scolaires.

L'éducation est une arme redoutable pour lutter contre la pauvreté, encore faut-il que la matière ait une portée réelle dans le quotidien. Comme les langues, les mathématiques « financières et économiques » sont des outils puissants et utiles toute la vie durant. Autrefois, il existait au secondaire des cours d'économie familiale. Ils représentaient un bon départ, mais ils restaient insuffisants.

En plus des questions soulevées dans la liste ci-dessus, j'ajouterais que l'enseignement devrait également aborder les points suivants : Comment les monnaies sont-elles créées ? Et comment s'échangent-elles ? Comment s'assurer d'avoir le meilleur dossier de crédit possible ? Comment s'initier au monde du placement ? Comment établir son plan financier et son budget ? Comment limiter les frais financiers et les pénalités ? Comment la Bourse fonctionne-t-elle ? Comment négocier son salaire ?

Les Québécois épargnent moins que les Canadiens des autres provinces. Selon moi, la spécificité de notre bagage judéo-chrétien peut constituer une explication, mais d'évidence, l'économie et la finance sont également très peu enseignées dans les écoles québécoises. Dans le monde qui est le nôtre, il serait pourtant essentiel que les enfants y apprennent le B.A.-BA de ces disciplines. Bien gagner sa vie et savoir administrer ses biens doit maintenant être encouragé, valorisé et encadré !

En 2015, l'Autorité des marchés financiers (AMF) et la maison Léger ont mené au Québec un sondage sur l'argent et les finances personnelles[31]. Les résultats sont décourageants : 59 % des répondants affirment connaître peu ou pas les produits et services financiers. Rien d'étonnant,

---

31. Autorité des marchés financiers, « Les Québécois, l'argent et les finances personnelles », *lautorite.qc.ca*, novembre 2015.

donc, que 35 % soient peu ou pas du tout à l'aise de parler d'argent en général, bien qu'ils soient au moins conscients des effets de l'éducation à ce chapitre. En effet, 80 % considèrent qu'il y a un lien entre le niveau de connaissances et l'amélioration de sa situation financière.

Deux ans plus tôt, la maison de sondages SOM et Desjardins avaient demandé aux familles québécoises si elles avaient mis un plan financier « par écrit ». Seules 16 % avaient répondu par l'affirmative. La majorité de nos concitoyens jouent donc leur retraite sur un coup de dés.

Cela vous étonne-t-il que les Québécois qui consacrent du temps et de l'argent à la loterie soient plus nombreux que ceux qui s'occupent de leurs REER ? Les deux tiers (66 %) des répondants achètent des billets de loterie, pour une dépense moyenne de 1788 dollars par année. Si l'on plaçait cette somme dans un REER chaque année pendant trente ans, en réinvestissant le remboursement d'impôt engendré, on obtiendrait un joli magot de 172 011 dollars[32]. Mais beaucoup de nos concitoyens préfèrent utiliser la pensée magique au lieu de faire confiance aux effets prouvés des intérêts composés.

FAIRE UN BUDGET, C'EST PAS DRÔLE

En 2016, j'ai été estomaqué de constater l'ampleur des ennuis financiers de l'imitateur André-Philippe Gagnon. D'autant que cette nouvelle survenait quelques jours après la sortie de Louis-José Houde concernant son malaise face à sa richesse. Dans ces deux histoires opposées, il y a un dénominateur commun : l'argent est encore un tabou au Québec. Pire, l'ignorance de la chose financière est présentée comme une valeur sociale acceptable.

---

32. Calculé sur la base d'un taux marginal de 40 % et d'un placement diversifié rapportant 5 % par an.

Nombreux sont ceux qui ont pris la défense de Louis-José Houde, qui trouvait proprement « scandaleuse » cette supposée intrusion dans sa vie privée. Le *Journal de Montréal,* dans un entrefilet de six lignes[33], avait simplement révélé qu'il venait de faire l'acquisition d'une propriété de plus de 2 millions de dollars dans l'arrondissement Outremont à Montréal.

Or, les transactions immobilières sont bien du domaine public au Québec. Elles figurent toutes dans les registres fonciers. C'est aussi le cas pour l'identité des actionnaires des sociétés, dont le nom apparaît dans le Registre québécois des entreprises. Il est donc possible de trouver les noms des administrateurs de compagnies et les propriétaires d'immeubles en deux clics de souris. Rien de nouveau.

C'est l'indignation de monsieur Houde qui m'a stupéfié. Il a déclaré en ondes qu'au Québec, nous avons un tabou avec l'argent, et qu'il est tout à fait correct d'en avoir un. Tout en ajoutant que, selon lui, les cachets des vedettes et la grosseur de leur portefeuille ne sont ni d'intérêt public, ni intéressants.

Pourquoi s'est-il indigné ? Pour protéger son image d'average Joe, de bon gars ordinaire ? Croit-il que si la classe moyenne ne s'intéresse pas à l'argent, c'est parce qu'elle n'en a pas ou n'en veut pas ? L'autre option, selon moi, c'est que sa propre richesse le rend mal à l'aise.

Il ne soignera pas le sentiment de culpabilité que lui vaut son succès financier en faisant semblant d'appartenir à la classe moyenne. Avoir un tabou avec l'argent ne fait qu'entretenir les préjugés du type « nés pour un petit pain », « les sales riches ont sûrement volé leur fortune », « les riches se sentent supérieurs », etc.

---

33. Elizabeth Lepage-Boily, « La montée de lait de Louis-José Houde à *Déjà dimanche !* suscite bien des réactions », *showbizz.net*, 22 juin 2016.

Mais le tabou que les Québécois entretiennent à propos de l'argent a aussi un effet secondaire dommageable : cela crée une société d'ignorants financiers. Je constate que les Québécois, par rapport au reste du Canada, sont sous-éduqués en la matière. Une majorité d'entre eux ne font pas de budget, confondent REER et CELI, croient qu'on ne paie pas de frais de gestion sur les placements, sont heureux d'avoir plus de cinq cartes de crédit... et s'imaginent naïvement qu'un banquier travaille dans l'intérêt de ses clients.

Si des Vincent Lacroix, Carole Morinville, Earl Jones et autres racailles œuvrant pour BreX, Nortel ou MountReal ont eu la partie belle, c'est parce que leurs clients étaient peu armés pour les démasquer et se défendre.

Les gens âgés sont faciles à berner

L'abus dont sont victimes les aînés est un phénomène courant, et révoltant. Il est important de rester vigilant et de dénoncer tous les agissements qui, de près ou de loin, consistent à exploiter les carences cognitives et le faible niveau de connaissances de certains. Les personnes en pertes d'autonomie, moins éduquées, les veufs et veuves ou celles qui perdent lentement leurs facultés sont très à risque.

De grâce, jetez un œil sur les transactions financières de vos vieux parents ou autres proches du troisième âge. N'hésitez pas à demander l'aide d'un professionnel impartial qui a toute la confiance de la famille. Au-delà du vol pur et simple et des cas de fraude, les aînés se font parfois offrir des placements inadaptés à leur état de santé ou à leur profil de tolérance au risque.

J'observe régulièrement dans les relevés de placement de gens âgés des choix d'investissements très discutables. S'ils engendrent certainement de belles commissions pour les employés, ils ne sont pas dans le meilleur intérêt des clients vulnérables.

- Les certificats de placement garanti (CPG) non rachetables ne sont pas des produits adaptés pour les personnes âgées. Lorsqu'on vieillit, en effet, il faut que tous nos capitaux soient disponibles rapidement et sans pénalité. À mon avis, au-delà de 75 ans, on ne devrait jamais souscrire à des certificats ou dépôts à terme de cette catégorie. L'argent doit être liquide et disponible en 24 heures.
- Placer la totalité des actifs dans des fonds comportant des frais à la sortie, même en cas de décès, est également à proscrire. Là encore, on remarque que certains employés n'ont aucun scrupule. Ils peuvent se défendre en disant qu'ils ont bien fourni aux intéressés toute la paperasse explicative. Le commun des mortels a déjà du mal à comprendre et à interpréter les documents, les prospectus et les explications verbales. Mettez-vous à la place d'une personne qui a la vue basse ou des troubles de l'audition.
- Des institutions financières multiplient les comptes et certificats de certains clients et, par le fait même, les frais à payer en cas de transferts. L'idée est de les décourager et de les empêcher d'aller ailleurs. Ainsi, je connais le cas d'une dame de 82 ans qui avait cinq comptes avec sa banque et dix-huit certificats. Ses frais de transferts s'élevant maintenant à 100 dollars par CPG, il lui en aurait coûté près de 2000 dollars si elle avait voulu quitter son institution afin d'améliorer son sort.

LE CELI POUR LES NULS

Le compte d'épargne libre d'impôt (CELI), comme son nom l'indique, permet d'accumuler des économies sans qu'elles soient imposées. Il faut comprendre, cependant, que les sommes qu'on y dépose ont déjà été imposées. Ce sont donc en réalité les intérêts et la croissance future qui sont libres d'impôt. Encore faut-il avoir des gains !

Dans les faits, 80 % des détenteurs de CELI s'appauvrissent. Comment cela se fait-il ? La puissante machine de marketing des banques et des caisses a convaincu la majorité de leurs clients d'utiliser principalement leurs « comptes bancaires » CELI, qui rapportent moins de 1 % d'intérêt. Comme les effets de l'inflation sont bien supérieurs à ce taux, les déposants ne peuvent qu'être perdants.

Pire, s'ils souhaitent fermer leurs comptes et déménager leur CELI vers des cieux plus radieux, on leur impose une pénalité dont le montant est parfois supérieur aux intérêts versés depuis plus de douze mois. Par exemple, à la Banque Nationale, on vous demandera 100 dollars pour déménager votre maigrichon CELI.

En ne donnant à leurs clients qu'un minimum d'informations sur les CELI ou en simplifiant à outrance leur définition, les employés des institutions financières ont causé un autre dommage non négligeable : les cotisations excédentaires. En 2016, l'Agence du revenu du Canada a averti 67 000 Canadiens qu'ils avaient défoncé le plafond des cotisations admissibles à leur CELI. La pénalité qu'impose l'Agence est de 1 % par mois sur l'excédent. Ainsi, si vous dépassez de 2000 dollars le plafond autorisé, vous pourriez devoir 120 dollars au bout de six mois.

La limite annuelle des cotisations à un CELI est de 5500 dollars. Ce qu'on sait moins en général, c'est que le CELI n'est pas une tirelire. On ne peut pas faire des dépôts et des retraits en alternance quand bon nous semble, même si les institutions le laissent croire ou encouragent à le penser. Par exemple, votre plafond de cotisation est de 10 000 dollars. Vous déposez la somme dans votre CELI de la banque. Quelques semaines plus tard, un de vos enfants vous demande un prêt temporaire pour l'achat d'une voiture. Pour l'aider, vous rachetez 8000 dollars. Trois mois plus tard, il vous remet le montant et vous le redéposez dans votre CELI. Or, votre rachat ne sera pas comptabilisé dans votre espace disponible avant le 1er janvier de l'année suivante, ce qui signifie que votre second dépôt de 8000 dollars sera enregistré comme un dépassement. Ce dépassement sera de plus assorti d'une pénalité de 1 % par mois aussi longtemps que le montant restera dans le CELI.

LE PIRE PRODUIT DE PLACEMENT EN VENTE LIBRE

Quel est le pire produit financier qu'on peut acheter? Sans doute celui qu'on ne comprend pas ou qu'on comprend si peu qu'on est incapable de l'expliquer simplement. Le certificat de placement garanti (CPG) boursier répond parfaitement à cette définition: bienvenue dans l'univers des placements garantis liés aux marchés, que ce soit le CPG boursier, l'épargne à terme indicielle ou les billets liés. Si l'on vous a récemment offert un CPG lié à la Bourse, à un panier de titres ou au marché pour votre REER, votre CELI ou tout autre instrument d'épargne, suspendez tout sur-le-champ et lisez l'histoire qui suit.

L'an dernier, un lecteur, Gilles, m'a confié qu'il était mécontent d'un placement qu'il avait effectué pour sa compagnie. À la fin de 2009, le personnel de son institution le harcelait pour qu'il investisse un surplus de liquidité, de plusieurs centaines de milliers de dollars, provenant de son entreprise familiale.

Les vendeurs à pression l'ont eu à l'usure, et Gilles a finalement accepté de suivre la suggestion du représentant de la succursale. Il a ainsi placé 100 000 dollars dans un CPG lié au marché boursier américain pour un terme de cinq ans. En suivant l'actualité, Gilles a noté que l'indice boursier de référence, le S&P500, grimpait de semaine en semaine et de mois en mois. Plus la fin du terme approchait, plus il se frottait les mains. Il allait sans doute réaliser le plus gros rendement de toute sa vie avec ses économies.

La date de clôture du calcul de la valeur de l'indice boursier de son CPG lié à la progression de l'indice américain pour un terme de cinq ans est enfin arrivée. Selon les calculs de l'institution, le rendement de l'indice était de 87,5 %. Mais, surprise, le plafond total de rendement auquel Gilles avait droit n'était que de 32 %. Autrement dit, sur des gains de 87 500 dollars, l'institution a annulé 55 500 dollars, pour laisser à Gilles 32 000 dollars d'intérêts imposables.

Comme celui-ci avait investi la somme dans sa compagnie, il a été imposé à son taux maximum, soit 46,57 %. Il ne lui reste finalement que 17 098 dollars. « Mais c'est révoltant, je n'en reviens pas ! Certains s'insurgent contre les frais financiers des fonds communs de 1,5 % ou 2 %, mais il y a ici une marge. C'est dix fois pire. J'ai évalué qu'avec ce qu'il me reste, c'est comme si la banque conservait l'équivalent de frais annuels de 9,3 %. Quand je vois le salaire de leur président, je comprends tout maintenant ! »

Si Gilles avait investi dans un fonds commun américain ordinaire offrant le rendement total — dividendes et conversion de devises incluses —, il aurait obtenu 91 000 dollars de gains, nets. Et ça, c'est la moyenne de ce groupe de placements. Des dizaines d'autres ont rapporté plus, dont de bons fonds négociés en Bourse (FNB).

Depuis, Gilles ne décolère pas. Je crains que le représentant commercial qui l'a servi ne s'expose à devenir un cas d'école. Gilles entend en effet porter plainte et amener sa cause aussi loin que possible. D'après ce qu'il me raconte, il semble évident que l'institution a favorisé ses intérêts avant ceux de Gilles. Il y a quatre éléments qui pourraient intéresser les autorités compétentes.

Premièrement, les économies de Gilles ont été placées dans un certificat non rachetable. Dans un contexte d'incertitude économique ou lorsque le client est âgé de plus de

65 ans, le risque de liquidité doit être considéré. Il est hautement discutable de vendre des placements non encaissables avant terme pour des entreprises et des personnes du troisième âge.

Deuxièmement, on a offert à Gilles un placement au plafond de rendement très bas (32 %), alors qu'il existe sur le marché, chez d'autres sociétés de fiducie, compagnies d'assurances ou autres, des CPG liés aux marchés dont le plafond de rendement maximum est plus élevé et même des CPG sans plafond de rendement. Ce n'est pas tout : ce placement à terme ne procurait pas non plus les dividendes du S&P500. Or, plus de 40 % du rendement annuel composé historique moyen provient de cette composante du rendement total d'un indice.

Troisièmement, bien qu'il ait investi les sommes en dollars canadiens, Gilles n'a reçu aucun gain sur devise. L'institution ne l'a pas informé que l'investissement allait être exposé à des variations de taux de change, et qu'en cas de différence positive, il n'en toucherait pas un sou. L'institution a fait exactement ce que fait un dépanneur qui change votre billet de 50 dollars américains contre un billet de 50 dollars canadiens.

Quatrièmement, on n'a jamais expliqué à Gilles l'impact fiscal des placements liés aux marchés. Gilles s'est retrouvé avec un rendement amputé et une facture d'impôt de 14 900 dollars. Pour un niveau de risque comparable, d'autres produits fiscalement plus efficaces auraient-ils pu lui être offerts ? Certainement. Des produits tels que des portefeuilles diversifiés conservateurs, des fonds multistratégies en catégorie de société, des FNB à basse volatilité, des billets liés — encaissables avant terme — auraient facilement pu lui procurer des gains deux fois plus importants, tout en réduisant de moitié son montant d'impôt. Il n'aurait en effet eu à déclarer que des dividendes et des gains en capital, et non des intérêts hautement taxables.

Jusqu'à présent, les tribunaux du Québec n'ont encore jamais eu à statuer sur l'obligation qu'ont les employés d'institutions financières de favoriser en premier les intérêts des clients. J'espère que Gilles ira jusqu'au bout de ses démarches. Comme on l'a vu au chapitre précédent, les banques offrent habituellement une compensation forfaitaire suffisamment importante pour faire taire les plaignants.

CINQ FAÇONS DE DILAPIDER FACILEMENT SES ÉCONOMIES

Le premier moyen est de **confondre « faire un budget » et « se serrer la ceinture »**. Le « budget » et les « coupes budgétaires » sont deux notions différentes. *Budgéter* est synonyme de *prévoir, anticiper, planifier*. Noter vos dépenses vous permet de savoir quels sont vos moyens financiers, d'éviter de perdre pied quand le contrôle de vos dépenses vous échappe quelque peu et d'épargner de façon systématique.

Gardez-vous de **subir l'influence des réseaux sociaux**. Les médias sociaux donnent lieu à des excès et à des débordements : des vedettes ou influenceurs font étalage de leurs acquisitions sur Instagram, Facebook et Pinterest, et tout cela exerce un réel pouvoir de fascination sur les abonnés. Nouveaux vêtements, sacs à main, voitures sport, vins dispendieux, grands restos... N'oubliez jamais que beaucoup de ces personnalités reçoivent des commandites et des incitatifs pour vous vendre ces produits. Elles marchandent leur influence et remplacent les porte-parole de publicités plus traditionnelles.

Il est très risqué de **dépenser sa paie brute**. Si vous êtes travailleur autonome ou employé à commission, il est tentant de dépenser ce que vous gagnez avant déduction des impôts. Ce comportement peut rapidement vous valoir des problèmes fiscaux, car le fisc réclamera son dû. Pour éviter ce risque, dès que votre paie est déposée sur votre compte, placez-en 40 % dans un compte d'épargne auquel vous n'avez pas accès par carte de guichet. Après deux ou trois trimestres de cette médecine, vous n'y penserez plus et vos réserves pour acomptes provisionnels, remises de taxes ou autres se feront sans douleur.

Il faut éviter de **gâter ses enfants quand on a du mal à boucler ses fins de mois.** Si vous ne parvenez pas à payer vos taxes et vos impôts à temps, si vous peinez à payer vos factures d'électricité ou à rembourser le solde de vos cartes de crédit, ne financez pas leur première voiture ou leurs vacances au soleil.

Enfin, il ne faut pas **se récompenser ou se punir en magasinant.** Vous venez de décrocher un contrat longtemps convoité ou, au contraire, vous apprenez qu'il vous a échappé. Une réaction commune et destructrice consisterait à « fêter ça » ou à « oublier ça » en allant faire du magasinage. Pour plusieurs, le magasinage permet d'évacuer des émotions ou d'abaisser son niveau de stress. Se dépenser physiquement ou pratiquer une activité artistique sont des options beaucoup plus économiques.

LES FONDS INDICIELS NE SONT PAS DESTINÉS À TOUS

L'ignorance du grand public concernant la chose financière se constate aussi dans l'appétit pour les fonds indiciels. Il peut être assez payant, certes, de calquer ses placements sur la composition des indices boursiers, mais uniquement si on les conserve à très long terme, ce que font seulement une fraction des investisseurs.

Les personnes qui investissent de façon autonome dans des fonds négociés en Bourse (FNB) n'ont pas encore saisi qu'elles ont les services de marketing numérique de toutes les banques aux fesses. Ces derniers les suivent à la trace grâce à des mouchards (*cookies*) téléchargés sur leur ordinateur et leur téléphone intelligent. On harcèle ces investisseurs soir et matin pour les inciter à essayer à peu de frais la toute dernière stratégie supposément infaillible. Les portefeuilles sont modifiés constamment, au gré des modes et des saisons, et on estime à quarante-trois jours la durée de détention moyenne d'un titre ou d'un fonds par un investisseur autonome. Le résultat est désastreux.

Récemment, le fondateur du groupe de fonds indiciels Vanguard, John Bogle, a observé que les détenteurs de ces fonds à frais microscopiques obtiennent des rendements bien inférieurs aux résultats des produits qu'ils achètent.

Le constat est sans équivoque : Bogle a comparé les rendements des soixante-dix-neuf fonds offerts par la firme avec les gains obtenus par les acheteurs. Un seul FNB donne des rendements supérieurs à l'investisseur. Tous les autres sont perdants.

Les différences observées sont même significatives. Alors que la moyenne de rendement annualisé des FNB était de 6 %, les clients se faisaient plumer en subissant un repli de 12 % par année. En d'autres mots, pendant que les fonds indiciels rapportaient 6 % par année, les détenteurs perdaient 12 % ! Soit un gouffre de 18 % !

Comment est-ce possible ? La majorité des gens vendent et achètent au mauvais moment, qu'ils soient sous l'effet de la panique ou se laissent emporter par l'euphorie ambiante. Ce phénomène a encore été observé en 2017, après l'élection de Trump. Sans comprendre que la poussée du Dow Jones était conjoncturelle et liée à une anticipation de baisses fiscales, le public s'est lancé sur les FNB indiciels.

La prochaine crise mondiale

La popularité des FNB ne fait plus de doute. Lorsqu'on s'en sert dans un portefeuille à long terme et qu'on conserve ses participations pendant des décennies, le choix est intelligent et peut porter ses fruits. Lorsqu'on s'en sert pour spéculer et multiplier les effets de levier par emprunt, c'est une bombe à retardement.

À la conférence de la Deutsche Bank organisée il y a deux ans à New York, le patron de la plus grande firme de FNB au monde, Larry Fink, a lancé une sérieuse mise en garde. Le chef de la direction de BlackRock estime que les abus de certaines sociétés de gestion ont « le pouvoir de faire basculer toute l'industrie en une journée[34] ». Selon Fink, les FNB avec effet de levier peuvent être aussi toxiques pour la finance mondiale que l'ont été les fonds spéculatifs échafaudés sur du papier commercial en 2007. Leur disparition a été la bougie d'allumage de la crise du crédit de 2008. Fink craint que le public en vienne à boycotter tous les FNB si une crise entraînait la chute des fonds cow-boys.

Les FNB avec effet de levier – placements à court terme extrêmement spéculatifs – reposent sur des instruments dérivés qui permettent de multiplier par deux ou par trois les gains potentiels. Les risques inhérents à ces fonds sont de trois ordres :

1. La majorité des investisseurs qui utilisent les FNB n'ont pas toutes les connaissances nécessaires pour le faire judicieusement.

2. Les gains potentiels sont peut-être multipliés, mais lorsque les indices sous-jacents glissent, les pertes sont rapides et deux à trois fois plus importantes que celles des indices réels.

3. Les assemblages complexes de dettes qui composent ces FNB pourraient être moins liquides et empêcher les détenteurs de vendre rapidement. Dans le pire des cas, les transactions sont gelées et l'épargnant assiste impuissant à la disparition de son capital.

---

34. Tim McLaughlin, « BlackRock CEO says leveraged ETFs could "blow up" whole industry », *Reuters*, 29 mai 2014, reuters.com.

La mise en garde de Fink ajoute un argument de poids à ce qu'écrivait dès 2011 *The Economist*[35]. Depuis 2011, souligne Fink, les excès des FNB, c'est-à-dire l'utilisation massive de produits dérivés complexes, causent un risque systémique pour l'économie mondiale.

Plusieurs fonds qui suivent les indices vedettes ne détiennent pas directement les actions. Ils achètent des contrats à terme et d'autres produits synthétiques beaucoup moins liquides que les actions ou obligations elles-mêmes. En cas de crise de liquidité ou de correction sévère du marché, plusieurs de ces fonds pourraient être paralysés et même devoir carrément fermer, ce qui entraînerait des pertes colossales.

À l'origine, les fonds indiciels étaient comme la crème glacée. Il y en avait seulement à la vanille et au chocolat. Mais avec le temps, les saveurs se sont multipliées. On trouve désormais des FNB indiciels qui suivent les petites capitalisations, les entreprises technologiques, les marchés émergents, les actions privilégiées, les obligations de pacotille, les fonds immobiliers, les lingots d'or, mais aussi les FNB à « bêta intelligent », et j'en passe. Le choix est plus grand que nécessaire. Les nouveautés n'offrent plus la grande diversification qu'on recherchait au départ, ni même les économies en termes de frais de gestion. L'exubérance irrationnelle est de retour. Aux États-Unis en 2016, on comptait davantage d'indices de marché que d'actions en circulation!

L'inquiétude gagne plusieurs organismes internationaux. Le Conseil de stabilité financière, le Fonds monétaire international et la Banque des règlements internationaux de Bâle (l'autorité mondiale en matière de normes bancaires) ont formé un comité sur le sujet et ont accouché en

---

35. « Exchange-traded funds: Too much of a good thing », *The Economist,* 23 juin 2011.

avril 2011 d'un rapport[36] au titre révélateur : *Les risques systémiques des fonds négociés en Bourse pouvant affecter la structure des marchés.*

Ne devient pas gestionnaire de patrimoine qui veut

Depuis quelques années, il est plus facile que jamais de gérer soi-même son portefeuille. Pour savoir si vous pouvez le faire vous-même, vous devez vous interroger sur ces points sensibles : Quelle est la somme dont je dispose pour investir ? Combien de temps par semaine puis-je consacrer à la gestion de patrimoine ? Quelle est la valeur monétaire du temps que je consacre à mes placements ? Puis-je me permettre de réduire mon salaire pour gérer mes avoirs ? À combien de temps en famille dois-je renoncer pour m'occuper moi-même de cette gestion ? Objectivement, ai-je les compétences et la connaissance nécessaire ? Ai-je les outils et les bons logiciels pour être efficace ?

Si, après vous être posé toutes ces questions, vous vous sentez à l'aise de gérer vos capitaux, faites vôtres les cinq règles d'or de la finance.

Vos émotions sont mauvaises conseillères ! Une perte colossale est souvent le résultat d'une petite phrase apparemment innocente : « J'ai l'intuition que ça va monter ! » En finance, la loi des nombres est plus forte que la loi de la jungle. Il est plus payant et moins essoufflant de rester investi durant tout un cycle économique que de tenter de trouver son pic ou son creux.

Rappelez-vous également que lorsque l'humeur générale est maussade, que les médias évoquent un vent de panique, que les investisseurs sont découragés et que les

---

36. « Systemic risks posed by ETFs », Bank for International of Settlements, avril 2011.

institutions conseillent aux consommateurs de se retirer des marchés, c'est souvent un très fort signal d'achat.

Cotisez régulièrement en recourant aux versements automatiques et vous verrez un petit miracle se produire. Les marchés boursiers évoluent en dents de scie et sont imprévisibles. En y injectant votre cotisation REER ou CELI par des contributions automatiques puisées directement dans votre compte bancaire, vous réalisez trois exploits : vous vous constituez une épargne — ce que la majorité des gens ne parviennent pas à faire —, vous achetez plus de parts pour le même montant lorsqu'il y a des baisses, et vous pouvez faire immédiatement des gains, contrairement à quelqu'un qui n'effectue son versement qu'en fin d'année.

La diversification permet de réduire les risques et d'augmenter le rendement. Les poussées de croissance des différentes catégories de placements ne se produisent pas de façon synchronisée. Parfois, ce sont les actions américaines qui surperforment, parfois ce sont les actions basées sur les pays émergents. D'autres fois, les faveurs du marché vont aux obligations, aux actions de petites entreprises ou aux sociétés canadiennes. Il est impossible de connaître le nom du champion de l'année à venir. Alors, inutile d'en choisir un, prenez les grandes catégories d'actifs et rééquilibrez régulièrement votre portefeuille, comme le font les grandes caisses de retraite et les gestionnaires professionnels.

L'investissement n'est pas une affaire de jours. Quel investisseur n'a jamais été tenté de retirer ses billes des marchés pendant quelques jours ou quelques semaines, le temps que les marchés boursiers retrouvent la raison ? Cela ne fonctionne pas, car on ne sait jamais à quel moment s'amorcera un nouveau cycle haussier. Souvenez-vous du Brexit : durant les journées suivant le référendum anglais, les marchés ont perdu 4 %, 5 % et même 6 % pour certains. Une semaine plus tard, les indices avaient retrouvé leur niveau antérieur : les pertes étaient effacées. Un mois plus tard, le Dow Jones atteignait un nouveau sommet historique. Et si, par exemple, vous aviez acheté en 1995 un fonds indiciel calquant le SP/TSX de Toronto, votre rendement annualisé moyen serait de 7,95 %. Mais si vous aviez manqué les vingt meilleures journées des deux dernières décennies, votre rendement moyen annuel ne serait plus que de 2,85 %. À la Bourse, les absents ont toujours tort.

Votre plan d'investissement ne dépend pas de l'actualité. Bien sûr, les crises, les conflits, les attentats et les catastrophes secouent les places financières et entraînent de la volatilité dans vos relevés de portefeuille. Ce n'est cependant pas l'actualité qui influence le plus la rentabilité de vos investissements. C'est le temps, la diversification et la qualité des titres qui changeront la donne. Les krachs boursiers, les bulles spéculatives, les scandales politiques, les fermetures d'usine… le monde continuera toujours de tourner et il n'y aura jamais qu'une certitude : tout va changer. Occupons-nous uniquement de ce que nous pouvons contrôler !

ÊTES-VOUS UN SPÉCULATEUR OU UN INVESTISSEUR ?

En latin, le terme *speculator* désigne l'observateur, l'éclaireur, l'espion du général. De nos jours, c'est ainsi qu'on appelle celui qui souhaite tirer profit de l'évolution des prix d'un bien ou d'un titre de propriété — action, obligation, immobilier, option, devise, taux d'intérêt, etc. Le spéculateur n'a d'autre but que de réaliser un profit le plus rapidement possible. Il ne s'intéresse ni à la qualité des biens et des titres, ni à l'impact social de ses décisions — mises à pied, pauvreté, expropriations, famine, etc. —, mais uniquement à l'écart des prix, qu'il soit à la hausse ou à la baisse, pourvu qu'il ait le potentiel de générer un profit.

Pour sa part, l'investisseur acquiert un bien ou un titre dans une perspective à très long terme : il s'assure donc de connaître parfaitement l'objet de son intérêt. L'investisseur boursier se démarque aussi du spéculateur en tenant compte de l'aspect humain. Il se documente sur les dirigeants des entreprises, les employés, les cadres, les clients. L'investisseur immobilier s'intéresse à la qualité des matériaux, du secteur, des taxes, etc., mais également aux locataires et au personnel d'entretien. Il est en effet conscient que les humains sont les gardiens de sa valeur présente et future.

L'attitude adoptée et la durée pendant laquelle on investit son capital sont donc déterminantes pour distinguer le spéculateur de l'investisseur. Par exemple, si l'on fait des *flips* immobiliers à répétition, on est un spéculateur. Mais si l'on s'intéresse aux multilogements ou à l'achat de condos de villégiature à des fins de location, on devient investisseur.

Nous avons tous une identité financière dominante, mais nous pouvons être « épargnant » pour ce qui est de notre CELI et conserver nos capitaux pour une dépense à très court terme, et être « investisseur » pour son REER et « spéculateur » pour une partie de son bas de laine. L'important est de bien y réfléchir, de comprendre ces différences, puis de choisir ses placements en respectant ses limites.

Quand la gestion du patrimoine devient compliquée

Plus vos capitaux augmentent, plus votre vie professionnelle prend de l'ampleur, et plus la gestion de votre patrimoine se compliquera. Si des notions de base en finance peuvent suffire au départ, les défis fiscaux s'additionnent rapidement. Vont ainsi apparaître de nouvelles problématiques concernant la protection en cas de saisie, de séparation, de mauvaises créances, de maladies ou de décès. Une vision globale de votre situation nécessitera une planification de plus en plus exhaustive.

Pour vous donner une idée de l'étendue des conseils offerts, le site Secretsdubanquier.com propose un graphique qui permet de visualiser le champ d'intervention des différentes organisations de gestion de capitaux en fonction de votre richesse. Les sommes représentées ne comprennent pas les valeurs résidentielles et autres valeurs foncières.

L'investisseur débutant pourra obtenir de l'aide en achetant les produits financiers offerts dans les succursales des institutions financières. Oui, les représentants de la banque ou de la caisse sont capables de vous seconder. N'hésitez pas à leur poser toutes les questions nécessaires et à exiger des preuves écrites démontrant la qualité des produits qui vous sont proposés.

Quand vous aurez vécu quelques expériences et acquis des connaissances supplémentaires, il vous faudra ouvrir vos horizons. Si vous avez moins de 50 000 dollars, vous pourrez très bien réduire vos frais financiers en achetant des fonds négociés en Bourse (FNB) bon marché et en y ajoutant votre contribution mensuelle automatique. Vous pouvez vous permettre d'investir 100 % de votre capital dans des actions si et seulement si votre endettement est bien maîtrisé et que vous avez une bonne stabilité d'emploi. Si la gestion autonome de votre portefeuille commence à vous peser et si vos économies prennent de l'ampleur, les conseillers et planificateurs autonomes seront sans doute bien placés pour favoriser vos intérêts et vous proposer des plans et des solutions adaptés à votre réalité.

Plus vos actifs deviennent conséquents, plus il sera important d'avoir une vue d'ensemble du marché ainsi qu'un accès complet à tous les outils et produits disponibles, d'être au courant des nouvelles règles fiscales canadiennes et internationales, et d'avoir des contacts plus fréquents et plus étroits avec les professionnels responsables de votre patrimoine.

Recourir aux services d'un « office familial » de gestion de patrimoine (« Family Office ») est alors conseillé pour adopter l'approche sophistiquée qui s'impose désormais pour faire fructifier son capital. Sous ce même toit cohabitent des planificateurs, conseillers, avocats, fiscalistes, CPA, spécialistes en immobilier et notaires. On retrouve dans ces *offices* des professionnels qui œuvrent à la protection du patrimoine des familles et à sa croissance raisonnable. La rentabilité des institutions financières est le cadet de leurs soucis.

EN RAFALE – L'IGNORANCE FINANCIÈRE

- 36 % des Québécois espèrent gagner à la loterie pour assurer leurs vieux jours.

- 20 % des Canadiens espèrent recevoir un héritage afin de pouvoir financer leur retraite.

- Selon la banque JPMorgan Chase, en vingt ans, le rendement moyen obtenu par l'investisseur sur ses placements a été de 2,1 %, soit 0,1 % de moins que l'inflation.

- En 2016, un sondage des CPA démontrait que les Québécois surestimaient leurs connaissances financières.

- 47 % des Québécois préfèrent consulter des parents ou des amis plutôt qu'un professionnel de la finance lorsqu'ils ont des questions financières.

- 59 % des Québécois sont prêts à admettre qu'ils connaissent peu ou pas les produits financiers.

- Les deux tiers des Canadiens ignorent ce qu'est une rente.

- 19 % des retraités canadiens n'ont pas de plan financier.

- 60 % des travailleurs canadiens auraient des ennuis financiers si leur paie était déposée une semaine en retard.

- À la question «Que feriez-vous si vous gagniez 1 million de dollars ?», 81 % de Canadiens ont répondu qu'ils commenceraient par rembourser leurs dettes.

LA TECHNOLOGIE ET LA FINANCE

Les services bancaires sont essentiels,
les banques ne le sont pas.
Bill Gates

La quatrième révolution industrielle est à nos portes. Elle impliquera l'intégration de processus automatisés et l'intelligence artificielle. Le cabinet-conseil McKinsey estime que d'ici dix ans, le monde du travail en sera bouleversé. La moitié des métiers et professions conventionnels pourraient être remplacés par des algorithmes et robots de toutes sortes[37].

Électricien, mécanicien, peintre, hôtelier, secrétaire, commis comptable, technicien de laboratoire, etc., tous les métiers qui reposent sur des tâches répétitives sont dans la mire des ingénieurs et des promoteurs des nouvelles technologies. Le secteur financier n'est pas épargné. Les emplois qui exigent peu de créativité, d'émotion et d'empathie vont en faire les frais. Et justement, ces traits humains sont parfois vus comme des éléments perturbateurs dans les services financiers.

---

37. Corentin Durand, « Selon le MIT, chaque robot introduit sur le marché du travail détruit six emplois », numerama.com, 30 mars 2017.

Dans les banques et les cabinets de services financiers, de nombreux postes ont déjà été remplacés par des calculateurs et des guichets automatiques. Les analystes financiers agréés (AFA, ou CFA en anglais) et les gestionnaires qui se contentent de scruter des données sur un écran sans avoir de contact direct avec la clientèle seront purement et simplement remplacés par des programmes à la fois plus rapides, plus dociles, plus performants, plus intelligents et moins coûteux qu'eux.

D'ailleurs, plus de 70 % des transactions de la Bourse de New York s'effectuent déjà sans intervention humaine. Les puissants algorithmes sont de moins en moins dispendieux et de plus en plus efficaces. Ils anticipent les mouvements des indices boursiers et font des transactions en quelques millisecondes. Certains algorithmes – plus effrayants que les autres – ont même la capacité d'apprendre en analysant les décisions des algorithmes des concurrents et parviennent ainsi à prévenir les coups.

LES FINANCIÈRES TECHNOLOGIQUES MENACENT LES BANQUES

Le terme *fintech* vient de la réunion des mots « finance » et « technologie ». Il désigne toutes les formes de technologies qui ont un rapport avec l'univers financier, par exemple la protection contre les fraudes et les cybercrimes, la sécurité des systèmes informatiques financiers, la gestion et l'analyse des bases de données, les prêts personnels et commerciaux, les services automatisés de paiement et de commerce électronique, les opérations bancaires de base, les assurances, la gestion des capitaux et valeurs mobilières, la consolidation financière et la monnaie virtuelle (ou cryptomonnaie). Contrairement aux banques conventionnelles, qui se contentent souvent de prélever des frais et d'enrichir leurs actionnaires, de nombreuses fintechs créent déjà une valeur tangible auprès des communautés et des individus de toutes les classes.

PayPal est, sans contredit, une icône des fintechs. Sa réussite est remarquable. Deux *start-up*, Confinity et X.com, ont fusionné pour offrir ce service automatisé de paiement en ligne aussi abouti qu'innovateur. Les vedettes américaines des affaires Elon Musk et Peter Thiel sont les deux figures emblématiques de ce produit qui a rendu plus sécuritaires les transactions sur le web. Des millions de boutiques en ligne peuvent les remercier ; PayPal a ouvert les frontières aux plus petites sociétés et aux travailleurs autonomes.

La Scotia a laissé échapper Elon Musk

Peut-être saviez-vous que le génial président de Tesla, Elon Musk, a habité au Canada dans sa jeunesse. Ce qui est moins connu, c'est que Musk a travaillé pour une des plus grandes banques canadiennes, la Banque de Nouvelle-Écosse. Durant ses études universitaires, il a été stagiaire pour la Banque Scotia à Toronto. Et comme c'est arrivé à de multiples reprises dans l'histoire bancaire du pays, lorsqu'un collaborateur extrêmement brillant a des idées qui sortent des sentiers battus, on le voit comme une menace, on s'en moque et on l'éjecte. Musk a confié à sa biographe Ashlee Vance[1] que l'industrie financière a beaucoup d'argent et que ses inefficiences pourraient être corrigées grâce à internet. Mais il a tiré une leçon de son stage à Toronto : « Les banquiers sont riches et bêtes. »

1. Ashley Vance, *Elon Musk, l'homme qui changea le monde*, Montréal, Edito, 2016.

L'histoire retiendra que l'ancien PDG de la Scotia Cedric Ritchie est celui qui a laissé échapper «une des plus belles passes sur la palette» des services financiers.

Alors qu'il examinait le portefeuille de prêts consentis par la Scotia à des pays d'Amérique latine, Musk a eu à évaluer la valeur présente de certaines obligations. Ce faisant, il a découvert une information clé. Dans les décennies 1980 et 1990, Washington, souhaitant diminuer le poids de l'endettement de certains pays en développement, avait émis des titres de créances garantis appelés «obligations Brady». La valeur à terme de ces titres était de 50 cents, mais, sur le marché, alors que Musk tentait de les évaluer correctement, elles ne se vendaient que 25 cents. Le marché avait juste oublié que les États-Unis protégeaient le capital à l'échéance.

Musk a alors décidé de contacter la banque d'affaires Goldman Sachs de New York pour vérifier quelle quantité de ces titres était disponible et à quel prix. Le négociateur lui a répondu que leur valeur marchande était effectivement de 25 cents et qu'il pouvait lui en vendre pour 10 milliards. Musk n'en croyait pas ses oreilles. Si la Scotia le voulait, elle pouvait réaliser un gain assuré de 100 % sur sa mise!

Son analyse fut transmise au PDG Ritchie, mais ce dernier répondit sèchement que jamais plus il ne se brûlerait les doigts avec le Brésil ou l'Argentine. Or, dans ce cas-ci, la valeur des titres ne pouvait s'évaporer, le Trésor américain garantissait une valeur de 50 cents. Le banquier s'obstina dans sa bêtise.

Pour Elon Musk, 46 ans, fondateur de PayPal, SpaceX, Hyperloop et Tesla Motors, «les banquiers ne savent que copier ce que font les autres. S'il y a un énorme tas d'or au milieu de la pièce et que personne n'y touche, ils n'y touchent pas non plus. » En 2016, la fortune de ce physicien, ingénieur, inventeur et homme d'affaires à succès était estimée à 12 milliards de dollars américains.

La gestion financière sans les financiers

De nos jours, le terme *fintech* désigne surtout les petites et moyennes compagnies en émergence qui fleurissent aux quatre coins du monde. Il est impossible d'en parler sans évoquer les « blockchains », ou « chaîne de blocs ». Selon le journaliste techno Alain McKenna, il s'agit là d'un concept innovateur qui peut, à moyenne et longue échéance, éliminer une partie de la fonction des banques : « La *blockchain* est une technologie sécurisée et décentralisée, ce qui signifie qu'une fois en activité, elle n'est plus sous l'autorité de qui que ce soit. Elle permet des transactions sans intermédiaire, sans frais, sans conversion et sans qu'il y ait une barrière de langage. [...] Si on parle de révolution, c'est clairement parce que les systèmes reposant sur des *blockchains* sont robustes et à l'abri de toutes manipulations humaines. » De quoi faire faire des cauchemars à tous les banquiers !

La société Blockchain-France suggère d'imaginer les chaînes de blocs comme un grand livre comptable public, anonyme et infalsifiable, impossible à effacer et indestructible. C'est pour cette raison qu'on y voit la possibilité de créer de nouvelles monnaies — comme le Bitcoin — qui échapperaient à la mainmise des banques commerciales et des banques centrales d'États dominants.

Les *blockchains* peuvent faciliter la transmission sécurisée de documents précieux comme les titres immobiliers et de dettes, des devises, les certifications, les droits de vote, les valeurs mobilières, etc. Autant dire que les notaires, avocats, agents de change, négociateurs sur valeurs, courtiers de toutes natures et autres intermédiaires de marché vont voir leurs principales sources de revenus s'assécher, comme ce fut le cas jadis pour les typographes, garçons d'ascenseur, préposés aux quilles, téléphonistes et autres allumeurs de lampadaires.

Bien qu'elles reconnaissent maintenant l'urgence et l'importance qu'il y a à investir dans les fintechs, les banques ne représentent déjà plus — au Canada en tout cas — la courroie de transmission privilégiée des entreprises en démarrage. Ne prêtant qu'aux riches, les institutions financières ont raté des centaines d'opportunités d'accompagner et de soutenir des *start-up* dans leur éclosion.

Les banques souffriront également du « code génétique » inscrit dans la mission, la vision et les valeurs profondes des « licornes », ainsi qu'on appelle les sociétés qui ont réussi à franchir le seuil de 1 milliard de dollars américains de valorisation. Les licornes veulent se différencier des banques, et mieux, elles peuvent s'en passer. Certains génies de la technofinance ne souhaitent que la mort de la banque traditionnelle. Ils sont jeunes, intelligents, agiles, subtils et visent la carotide.

Les sources de financement populaires que sont Kickstarter et IndieGogo sont la preuve vivante que les banques ne sont plus nécessaires. « Tout ce qui est actuariel, mathématique et répétitif est potentiellement intéressant pour une fintech, estime Alain McKenna. Les emplois dans les secteurs qui reposent sur du quantitatif sont à risque, ce qui est dans le qualitatif est épargné. »

En d'autres mots, l'expérience humaine, le flair, l'intuition, la négociation, la concertation, la communication directe, le jugement, l'empathie et la créativité ont encore un bel avenir. Les services très personnalisés où le client n'est pas un numéro sont là pour durer.

La multiplication des fintechs

On compte environ 10 000 sociétés technologiques actives dans le secteur financier à travers le monde. Les capitaux injectés dans ces fintechs atteignent en moyenne 44 millions de dollars. Déjà, on évalue à 20 milliards de dollars la somme des fonds qu'elles parviennent à lever annuellement, ce qui représente une croissance de 696 % en cinq ans. Et selon la banque Goldman Sachs, les fintechs ont la capacité de soutirer pour 4,7 billions de dollars aux banques traditionnelles.

Dans un rapport publié en 2016, KPMG a identifié les cent fintechs les plus prometteuses. Voici quelques-unes de ces sociétés[38] :

- ZhongAn (Chine) est une société d'assurances et de gestion de risque.
- Oscar (New York) veut simplifier et gérer automatiquement les réclamations d'assurance maladie et les contrôles des coûts des soins médicaux.
- WealthFront (Palo Alto, Brésil) est un service en ligne de gestion de portefeuilles de placements à frais réduits.
- Qufenqi (Beijing) propose à ses clients d'acheter toutes sortes de biens de consommation dispendieux, comme des meubles, téléphones, téléviseurs, électroménagers, et de les payer par des versements automatiques sur mesure.
- Funding Circle (Londres) offre aux PME une plateforme de transactions sécurisées qui recherche du financement pour démarrer de nouveaux projets ou ouvrir des magasins. La société sert d'intermédiaire entre des prêteurs et des emprunteurs à des conditions avantageuses.

---

38. KPMG, « 2016 Fintech 100 – Leading Global Fintech Innovators », octobre 2016, kpmg.com.

- Avant (Chicago) offre du crédit aux consommateurs. Ses puissants algorithmes visent à faciliter les démarches des emprunteurs et à réduire les frais et intérêts au minimum.
- OurCrowd (Israël) se targue d'être le leader mondial des plateformes en ligne de financement populaire, avec 10 000 investisseurs accrédités à l'échelle planétaire.
- Klarna (Suède) veut simplifier le commerce électronique en réduisant les formalités d'achat à leur plus simple expression, juste une adresse courriel.
- SecureKey (Toronto) offre des solutions d'authentification sans mot de passe pour les commerces en ligne. Déjà bien visible sur différents sites web, SecureKey a gagné la confiance de banques et de sociétés financières traditionnelles, de gouvernements, de compagnies d'assurances, de fournisseurs de télécommunications, de compagnies de jeux en ligne et autres.
- FinanceIT (Toronto) propose aux entreprises des solutions de paiement mensuel à taux d'intérêt compétitifs. Les demandes de prêts peuvent se faire en ligne, sur appareil mobile ou en personne entre le marchand et son client.
- Trulioo (Vancouver) est un puissant vérificateur d'identité. En jumelant les informations fournies par le consommateur à des centaines de bases de données de crédit, de gouvernements, d'applications mobiles, de régies publicitaires et même des réseaux sociaux, Trulioo peut vérifier l'identité de plus de 4 milliards de consommateurs vivant dans cinquante pays.

Dominique Fagnoule, premier vice-président technologies de l'information à la Banque Nationale, déclarait il y a peu : « Mon rêve le plus fou pour le secteur financier est qu'un jour on parvienne à éliminer l'impensable, c'est-à-dire le marché noir et tous les trafics qui y sont reliés. Ça passe par la suppression de moyens de paiement archaïques comme le *cash*. Tous les paiements devraient pouvoir se faire de manière simple, électroniquement et, surtout, en laissant des traces[39]. »

Les transactions impliquant de l'argent électronique par un intermédiaire bancaire, ça aussi c'est archaïque. J'ajouterais au propos de monsieur Fagnoule qu'un éclatement de l'oligopole bancaire canadien est nécessaire pour rééquilibrer le rapport de forces : cela donnerait davantage de choix aux consommateurs et permettrait la transparence en matière de frais financiers.

LAISSERIEZ-VOUS UN ROBOT GÉRER VOS REER ?

Confieriez-vous la gestion de vos placements à un programme informatique ? Le « portefeuille futé de BMO », qui exige une mise minimale de 5000 dollars, est l'un des premiers placements semi-automatisés lancés au Canada. Ce service n'est pas entièrement autonome, car un conseiller doit vérifier et valider les informations pertinentes de l'épargnant. Il faut encore que quelqu'un tienne la télécommande.

Les portefeuilles futés BMO se construisent en ligne à partir d'une série de dix questions. Vous obtenez ainsi un portefeuille de fonds négociés en Bourse (FNB) qui peut être prudent, modéré, équilibré, dynamique ou audacieux.

Les consommateurs cibles sont les jeunes de 20 à 30 ans qui ne veulent pas se déplacer en succursale ni entendre le jargon financier habituel. En voyant la sobriété des composantes offertes, j'ajouterais qu'on vise également une clientèle d'analphabètes financiers.

---

39. Richard Dufour, « Forum Fintech : Survol d'un univers en mutation », *La Presse+*, 20 septembre 2016.

Je ne conseillerais jamais à mes proches d'utiliser ce genre de gadget. Ces portefeuilles me font penser aux distributrices de friandises. On y trouve presque toujours des calories vides. Et en ce qui concerne la valeur ajoutée, on a beau chercher, on n'en trouve pas. Imaginez-vous une distributrice de chips qui vous demande un montant de 3,50 dollars pour un sac, puis ajoute 7 dollars pour le service.

Vous viendrait-il à l'idée de faire faire votre testament en trois clics via une application en ligne ? Pensez-vous qu'internet permette de s'assurer que quelqu'un remplit 100 % des exigences pour souscrire un prêt hypothécaire ? Il y a une multitude de nuances, un vécu personnel propre à chacun et une foule d'informations pertinentes qui vont au-delà des dix questions préétablies posées dans ce questionnaire. Je suis d'avis qu'il n'y a pas cinq catégories d'investisseurs, mais plutôt des milliers.

Si vous voulez gérer vous-même vos comptes de placement, vous devez avoir un minimum de connaissances en matière de finance et vous intéresser à ce domaine. Si ce n'est pas votre cas, faites appel à un conseiller d'expérience : il veillera à minimiser les impôts que vous avez à payer, harmonisera vos différents comptes en fonction de l'évolution de vos préoccupations, vous tiendra au courant de nouvelles opportunités de marché et, surtout, vous bâtira un véritable plan financier visant le court, le moyen et le long terme.

Dans ses publicités récentes, Vanguard, la société américaine qui a lancé le courant populaire des FNB, rappelle qu'à long terme, le soutien constant d'un « être humain, professionnel » en la matière procure aux épargnants un rendement supplémentaire annuel de 3 %. C'est énorme.

Si l'idée du conseil robotisé est séduisante en apparence, sous le capot, ce véhicule d'investissement est moins avancé, techniquement parlant, que les plus récentes voitures sans conducteur. Bref, mieux vaut que des mains humaines tiennent le volant et que le conducteur ait de vrais bons yeux : cela vous évitera la sortie de route au premier virage.

INTELLIGENCE ARTIFICIELLE ET CUPIDITÉ

Si les nouvelles technologies financières semblent très excitantes et prometteuses, elles peuvent aussi dérailler et nous causer de sacrés ennuis. Les robots-traders — à ne pas confondre avec les robots-conseillers — sont particulièrement à craindre.

J'ai un nom pour ce genre de machines : les « TradeMinators ». Ils me font en effet penser au Terminator, le robot destructeur dans le film de James Cameron. Ils évoquent également Hal 9000, l'ordinateur de bord dans *2001, l'Odyssée de l'espace,* de Stanley Kubrick. Hal était omniprésent, et il anticipait tous les faits et gestes de l'astronaute David Bowman. HAL est l'acronyme de *Heuristic Algorithmic.* Si HAL figure au treizième rang des pires vilains du cinéma, ses rejetons sont en lice pour devenir la terreur des investisseurs.

Les algorithmes sont maintenant à la finance ce que Deep Blue a été aux échecs : ils permettent d'anticiper les décisions humaines et de les contrecarrer. Leur seul et unique but : permettre à leurs commanditaires d'empocher le maximum dans le minimum de temps. Aucune valeur ajoutée sociale. Aucune considération pour la durabilité. « La gestion systématique repose sur l'action d'un programme informatique qui va permettre de prendre des positions automatiquement sur les marchés sans intervention humaine, explique François Bonnin de John Locke Investments. Le logiciel est conçu pour réagir dès qu'un mouvement de marché génère des signaux d'achat ou de vente. Il permet ainsi de réaliser plusieurs transactions à la minute sur n'importe quelle Bourse mondiale[40]. »

Les bons programmeurs d'algorithmes les conçoivent pour qu'ils profitent de toutes les incohérences des marchés, par exemple le fait que de nombreux titres financiers de qualité aient été largués sans raison à la suite de la publication des résultats du référendum sur le Brexit en 2016.

Les algorithmes s'alimentent de la volatilité des marchés et contribuent outrageusement à cette volatilité. De 2005 à 2009, le volume quotidien de transactions s'est amplifié de 181 %. En 2006, les transactions systématiques accaparaient 40 % des échanges de la Bourse de Londres. En 2008, malgré l'état catastrophique et la déconfiture généralisée des Bourses mondiales, les trois cents firmes spécialisées en négociations robotisées empochaient en bénéfices la mirobolante somme de 21 milliards de dollars.

La publication *The Atlantic* estime que les algorithmes sont à présent responsables de plus des deux tiers des transactions effectuées sur les parquets américains. Le *High Frequency Trading* (négociation à haute fréquence) se fait maintenant à une vitesse qui défie l'imagination. Le temps que vous réfléchissiez à la possibilité d'acheter des actions de General Electric, un ordinateur a anticipé vos réactions et a eu le temps d'effectuer des dizaines d'opérations en l'espace de 650 microsecondes. Trop tard pour vous, le titre a gagné 3 % et vous a filé sous le nez.

Dagger est l'un de ces logiciels-traders. Ce monstre, qui appartient à la banque américaine Citigroup, analyse et compare les données de vingt places boursières. Chassant les anomalies, il rôde autour des données historiques et repère les moindres tendances. Chaque écart de marché

---

40. « Avec un bon algorithme, la gestion par ordinateur permet de réaliser d'importantes plus-values en Bourse », *Capital,* 29 janvier 2010.

devient une proie. Dagger achète et vend en silence avec une rapidité et une précision qu'aucun humain ne saurait égaler. Son « dresseur », Young Kang, affirme que la bête apprend par elle-même. Elle va chercher les données financières nécessaires, ajuste constamment les chiffres et ses stratégies. De jour en jour, elle devient plus intelligente, mais surtout, comme un bon retriever, Dagger rapporte. Et très gros.

Quant aux algorithmes de type « génétique », ils sont capables de décrypter les phases d'évolution d'une entreprise publique et d'identifier précisément le moment où elle s'affaiblit. S'ensuivent des options de ventes à découvert ou autres stratégies dérivées ou de titrisation. Le tout sans la moindre intervention humaine.

Beaucoup de spécialistes tirent la sonnette d'alarme : alors qu'on ne parvient déjà pas à s'entendre sur l'encadrement des ventes à découvert, comment pourrait-on surveiller adéquatement les bénéfices et avantages indus que procurent les transactions automatisées ? Selon Philippe Béchade, rédacteur en chef de *La Bourse au quotidien*, « le comportement robotique du marché prouve de façon éclatante qu'il n'existe plus aucun contre-pouvoir réel face aux machines ». François Leclerc, blogueur invité sur le site PaulJorion.com, pousse l'analyse encore plus loin : « Il faut savoir que ces algorithmes financiers extrêmement complexes sont détenus par peu d'acteurs. Ils permettent de tout savoir en quelques secondes, voire en dixièmes de seconde, avant tout le monde et donc de gagner à tous les coups. »

Pour ceux qui l'auraient oublié, les marchés boursiers ont une réelle utilité sociale : ils fournissent des capitaux aux entreprises naissantes ou en croissance, ce qui se traduit par des créations d'emplois et procure des revenus aux familles. Les algorithmes et toutes les autres formes d'ingénierie financière spéculative ne visent que l'enrichissement rapide de leurs commanditaires.

EN RAFALE – LA TECHNOLOGIE ET LA FINANCE

- En 1961, la Banque Royale devient la première banque à se doter d'un ordinateur. L'IBM 1401 à transistors occupait une pièce complète et servait uniquement à la comptabilité. Il coûtait 500 000 dollars d'aujourd'hui et sa mémoire était de 1,4 Ko.

- Il y a 65 000 distributeurs automatiques de billets au Canada.

- Les achats en ligne des Canadiens atteignent 22 milliards de dollars par année.

- L'argent comptant représente encore 67 % du volume des transactions commerciales.

- Un guichet automatique coûte entre 3000 et 15 000 dollars l'unité. À cela s'ajoutent des frais mensuels, d'entretien et de permis de l'AMF.

- Un petit guichet automatique contient environ 20 000 dollars en billets de 20 dollars.

- 10 000 dollars convertis en Bitcoin en juillet 2010 valent plus de 400 millions de dollars américains en 2017.

- Si l'on exclut les guichets privés, c'est Desjardins qui facture les frais les plus élevés pour une transaction à un guichet automatique. Pour un usager non membre, la coopérative demande 4 dollars. Pour un retrait de 60 dollars — le montant moyen des retraits au pays —, cela représente 6,7 % du montant total, sans compter les frais de compte de la banque d'origine.

- Une banque qui vend moins de produits financiers différents et qui compte moins de succursales physiques offre des taux de dépôt et de prêt plus compétitifs. Les frais d'exploitation des institutions financières virtuelles sont minimes.

- La majorité des transactions effectuées à la Bourse de New York le sont par des algorithmes. La durée moyenne de détention d'une action est de 22 secondes.

- Les frais de guichet hors forfait ont grimpé de 51 % entre 2005 et 2013.

- PayPal est utilisé aujourd'hui par 197 millions de consommateurs et 15 millions de marchands

- Près de 11 billions de dollars ont transité par PayPal en 2016, soit le tiers de toutes les transactions numériques annuelles.

- 16 % des Canadiens utilisent PayPal pour faire des achats en ligne.

- Soixante millions de consommateurs américains n'ont pas de compte de banque.

- Au Royaume-Uni, on évalue que le commerce électronique et les paiements numériques feront perdre 43 % des revenus de détails aux banques

- Renaissance Technologies a été fondée par James Simons, un des plus brillants mathématiciens de notre époque. Son fonds privé Medallion est géré par des programmes et algorithmes exclusifs. Seuls ses 300 employés peuvent y investir. Depuis 1988, le fonds a rapporté 80 % en rendement annualisé, générant des gains totaux de 55 milliards de dollars.

OUTILS ET CONSEILS POUR MIEUX GÉRER SES FINANCES

Ne faites rien de stupide et ne perdez jamais d'argent. Laissez les autres gaspiller leur argent et commettre des stupidités. Après, on va les acheter.
Jaimie Dimon, président de Bank of America

Les premiers pas à faire pour espérer atteindre un jour une certaine autonomie financière consistent à faire le ménage dans ses dettes coûteuses et à équilibrer son budget chaque mois.

On peut recourir à plusieurs trucs pour ne pas sombrer dans l'endettement chronique et garder le contrôle sur ses finances personnelles. Pour illustrer la façon dont une famille devrait répartir ses économies selon l'usage qu'elle veut en faire, j'ai imaginé, il y a quelques années, ce que j'appelle la « stratégie de la commode à trois tiroirs ».

Fonds d'urgence
Projets
Vieux jours

C'est une schématisation de concepts plus complexes en planification financière qui a le mérite d'être simple. Les familles qui cherchent à mettre de l'ordre dans leurs affaires sans avoir à se doter d'une structure très lourde et complexe peuvent mettre en place cette méthode en quelques jours. La première chose à faire est de maîtriser vos dettes coûteuses, c'est-à-dire les dettes de cartes de crédit et de grands magasins. Une fois que c'est fait, commencez à épargner de manière systématique.

Pour éviter les revers de fortune, le premier tiroir est de loin le plus important. Vous devez y déposer au moins trois mois de frais de subsistance. Autrement dit, ce fonds d'urgence contient une somme qui équivaut à douze semaines de dépenses courantes. Si vous êtes travailleur autonome ou saisonnier, il est recommandé de prévoir une épargne plus importante correspondant à six mois de dépenses. En cas de maladie, d'accident ou de perte de revenu, vous y puiserez les sommes nécessaires. Ici, il n'est pas question de faire un « placement », mais uniquement de mettre de côté de la liquidité. Un compte de banque à haut rendement fait très bien l'affaire. Choisissez-le sans frais ni pénalités. Les banques virtuelles offrent de belles possibilités de ce côté. Prenez note qu'avec ces dernières, les sommes sont protégées par l'assurance-dépôts du Canada, de la même manière qu'avec les banques traditionnelles. Les taux des financières en ligne sont bien plus généreux que ceux des institutions à succursales. Lorsque vous aurez atteint le montant cible du tiroir du haut, cessez d'y cotiser.

Le tiroir du milieu est destiné à vos projets, que ce soit la rénovation de votre sous-sol, l'achat d'une deuxième voiture, la mise de fonds pour un chalet ou un voyage dans les îles. Vos projets à moyen terme peuvent profiter d'un intérêt supérieur et d'une exonération d'impôts si vous investissez vos économies dans un CELI. Attention, ne vous contentez pas d'un simple compte bancaire de la caisse ou de la banque du coin. Vos rêves méritent mieux que ça. Des portefeuilles prudents ou à revenus stratégiques conviendront très bien. Avec un horizon de trois à cinq ans avant des retraits, vous pouvez espérer faire entre 3 % et 5 % de rendements annualisés. Les placements de volatilité faible à moyenne sont acceptables.

Le tiroir du bas est celui qu'on garnit régulièrement, mais qu'on laisse tranquille. Ce troisième tiroir sert en effet à financer vos vieux jours. C'est le REER et le fonds de pension d'employeur. Il est souvent négligé, car, par définition, le long terme nous intéresse un peu moins. Pourtant, les choix que vous faites aujourd'hui peuvent grandement influencer la qualité de vie que vous aurez une fois à la retraite ou en semi-retraite. Assurez-vous que vous comprenez bien ce qu'il y a dans ce tiroir. Chaque année, faites au moins une vérification en profondeur et procédez aux ajustements nécessaires afin de vous rassurer sur la pertinence de vos objectifs. Pour anticiper les choses avec plus de précision, il vous faut savoir exactement quel montant de rente mensuelle vous souhaitez obtenir et à quel âge elle vous sera versée.

Le CELI peut aussi être un bon instrument pour garnir ce tiroir à long terme. Les travailleurs autonomes, les propriétaires de PME et les personnes qui ne touchent pas un salaire régulier peuvent très bien n'utiliser que le CELI pour accumuler de l'épargne. En ce qui concerne les produits, tout ce qui est admissible au REER peut également l'être pour le CELI. Avec un horizon à long terme, soit plus de dix ans, on ne devrait pas hésiter à inclure une proportion significative d'actions, entre 10 % et 60 %. L'épargne de ce troisième tiroir peut supporter une volatilité moyenne à élevée. Pour en avoir le cœur net et déterminer ce qui vous convient le mieux, répondez à un questionnaire de tolérance au risque comme celui du site Gerezmieuxvotreargent. ca.

LES BONNES ADRESSES WEB

Budget

Pour vous aider à faire votre budget, vous pouvez télécharger les grilles fournies par les Associations coopératives d'économie familiale (ACEF). Rendez-vous à l'adresse suivante : consommateur.qc.ca. Les outils sont nombreux et bien faits. Le site donne des exemples de grilles de budgets annuels et mensuels ainsi qu'une grille de bilan financier qui pourra vous servir tout au long de votre vie.

Retraite

La Régie des rentes met de bonnes ressources à notre disposition. Sur le site rrq.gouv.qc.ca, vous trouverez des outils qui vous permettront de connaître l'état de vos participations à la Régie et les versements que vous pourriez toucher. L'outil SimulR vous donnera un aperçu simplifié de vos revenus totaux à la retraite.

Calculateurs

Le site Calculatrices-financieres.ca est une vraie mine d'or. Les petits génies à qui l'on doit le logiciel de gestion de la clientèle financière Kronos Web ont également conçu divers calculateurs pratiques et simples à utiliser. Ils permettent de voir les effets à long terme de contributions régulières dans un REER, un CELI ou un autre instrument d'épargne, mais aussi d'évaluer les taux d'imposition, les effets d'un prêt pour cotisation REER, les effets de l'inflation, etc. Visitez calculatrices-financieres.ca/

Une page de calculatrices est également proposée sur le site d'information de la Bourse canadienne. Visitez web.tmxmoney.com/calculators pour en faire l'essai.

Comparateur de compte de banque

L'Agence de la consommation en matière financière du Canada (ACFC) a mis en ligne un outil des plus utiles pour comparer les avantages et les inconvénients de tous les types de comptes bancaires de toutes les institutions du Canada. Essayez-le en vous rendant à l'adresse suivante : itools-ioutils.fcac-acfc.gc.ca/. Je vous rappelle que, quel que soit le compte où vous déposez de l'argent dans une banque canadienne, vos avoirs bénéficient de la même protection.

Le palmarès des fonds

Fundata.com est une base de données bilingue et gratuite. Elle vous permet de repérer tous les fonds de placement vendus au pays et d'en obtenir une évaluation simplifiée. Fundata souligne l'excellence d'un fonds en lui attribuant un A+, comme à l'université. C'est un outil web pratique qu'il faut conserver dans ses favoris.

Les meilleurs taux

Cannex.com est une base de données nord-américaine de taux d'intérêt. En quelques clics, vous trouverez quelle institution offre les prêts hypothécaires aux meilleurs taux, les certificats de placement garantis (CPG) les plus payants, les rentes les plus généreuses et les prêts personnels les plus avantageux. De nombreux tableaux sont gratuits, mais d'autres exigent un abonnement.

Liste des conseillers inscrits

On ne le répétera jamais suffisamment, on ne doit jamais investir quelque montant que ce soit par l'intermédiaire d'une personne qui n'est pas inscrite à l'Autorité des marchés financiers (AMF). Pour vérifier si une personne ou une organisation est bel et bien autorisée à exercer des activités de courtage en assurance et en investissement au Québec, visitez le site de l'AMF (lautorite.qc.ca) et cliquez sur l'icône « Rechercher dans les registres ».

Immobilier

L'indice des prix des propriétés canadiennes conçu par MLS pourrait vous donner une bonne idée des prix de l'immobilier dans un marché. Il permet de suivre l'historique de la croissance des prix des habitations, et on peut même télécharger et conserver les données dans un fichier Excel. Visitez indicedesprixdesproprietes.ca.

Infos pratiques

Votre coffre au trésor d'informations financières serait incomplet sans l'adresse Gerezmieuxvotreargent.ca. Si j'en ai fait mention déjà à quelques reprises dans mon ouvrage, c'est que ce site est tout simplement essentiel. Y sont abordées les questions touchant l'investissement, la planification et les événements importants de la vie d'un point de vue financier, sans parti pris et, surtout, avec pertinence. Vous obtiendrez des réponses concises et claires aux questions que vous pouvez vous poser concernant l'achat d'une première maison, la naissance d'un enfant, les décès, les héritages, la prévention de la fraude ou les ressources pour les aînés. La section « Les vérités universelles », dans le menu déroulant « Planifier et gérer », est un guide formidable pour mieux se connaître : à consulter pour soi et à partager avec ses proches et ses amis.

Pour aller plus loin

Morningstar.ca est un site d'information extrêmement bien fait, mais son contenu s'adresse à des consommateurs initiés. C'est une référence dans l'industrie financière et l'information y est d'une grande objectivité. Vous pouvez être assuré qu'aucun groupe financier n'orchestre les textes, données et analyses qu'on y trouve et qu'aucune institution n'y bénéficie de faveurs.

Academiedutresor.ca, initiative dynamique et réjouissante lancée en 2010, est une organisation sans but lucratif créée par des enseignants dévoués qui offre gratuitement des formations en finance aux jeunes de 10 à 20 ans afin de combler les manques dans notre programme d'enseignement au primaire et au secondaire.

Votre projection de retraite...

- Ne peut être identique à celle de votre voisin, car elle doit s'ajuster à vos particularités ;
- Vous donne un objectif précis ;
- Donne un sens à votre épargne ;
- Vous aidera à prendre de meilleures décisions ;
- Validera vos hypothèses ;
- Vous apportera la paix d'esprit ;
- Fait partie d'un ensemble plus complet, soit le plan financier, fiscal et successoral.

COMMENT BÂTIR SON PLAN DE RETRAITE

Avant de le bâtir, commençons par définir ce qu'est un plan de retraite. Si je demande à dix personnes de m'expliquer ce qu'est une projection de retraite, j'obtiendrais probablement dix réponses différentes. Pour concevoir votre plan de retraite, il est important de savoir ce que vous voulez.

D'abord, il vous faut identifier toutes vos sources de revenus et chacune de vos obligations financières. Plus vous cernerez précisément votre situation budgétaire, plus vous aurez de chances d'atteindre vos buts. Vous devrez déterminer quelles dépenses perdureront après que vos enfants auront quitté le nid familial, une fois que la maison sera payée et que vous cesserez de travailler à temps complet.

Votre budget de retraite sera nécessairement très différent du budget que vous utilisez durant votre vie active. Par exemple, si vous déterminez que vous et votre conjoint(e) avez besoin de 4000 dollars par mois pour payer toutes vos factures —permis, taxes, assurances, nourriture, télécommunications, loisirs, vêtements, cadeaux et voyages —, ce chiffre fera partie de vos cibles.

Vos actifs, sources de revenus de retraite

En comptabilisant tous vos placements, ainsi que les contributions régulières que vous y faites, le conseiller ou le planificateur que vous avez choisi sera capable de «projeter dans l'avenir» ces valeurs d'aujourd'hui afin de vérifier si vous êtes sur la bonne voie.

Vous devez avoir sous la main vos derniers relevés de REER, de CRI (compte de retraite immobilisé), de CELI, de fonds de pension, d'épargne à terme, de la Régie des rentes, de pension fédérale, etc. N'oubliez pas d'inclure vos revenus de loyer (s'il y a lieu) ou tout autre revenu récurrent.

Souvent, l'épargnant trop prudent en termes de placements aura de la difficulté à atteindre les objectifs qu'il s'est fixés, car il n'aura pas tenu compte des effets d'érosion du pouvoir d'achat dus à l'inflation.

À l'inverse, l'investisseur trop agressif manquera de temps pour se refaire si une crise financière, un krach boursier ou une violente correction des marchés ampute ses valeurs accumulées. Voir ses valeurs chuter de 30 %, c'est un événement difficile à encaisser s'il se répète plusieurs fois dans une vie.

Tous les logiciels de simulation de la retraite et tous les calculateurs de projections financières offerts en ligne s'appuient sur l'estimation que vous faites du rendement moyen de vos placements. Il faut être plus conservateur qu'audacieux lorsque vous l'estimez. Si vous investissez en bonne partie dans les actions, une projection de rendement de 5 % environ est acceptable. Je ne suis pas en train de dire que vos placements rapporteront avec certitude 5 % chaque année, mais simplement que la moyenne à long terme pourrait avoisiner ce rendement. Si votre rendement réel est supérieur, tant mieux. Mais de grâce, évitez de faire des projections à partir des périodes fastes du passé. On ne peut pas extrapoler que la valeur de votre maison va s'accroître de 100 % par décennie en se fondant sur les gains réalisés entre 2004 et 2014 dans certains quartiers. On ne peut pas non plus supposer que le rendement annuel des actions américaines atteindra 10 %, comme ces cinq dernières années.

L'Institut québécois de planification financière (IQPF) définit la planification financière comme un ensemble cohérent qui intègre les connaissances des sept domaines suivants : aspects légaux, assurance et gestion des risques, finances, fiscalité, placements, retraite et succession[41].

Élaborer un plan d'action stratégique personnalisé pour une famille nécessite d'analyser sa situation, en tenant compte des contraintes et des objectifs personnels de ses membres, puis de proposer des stratégies et des mesures à la fois cohérentes et réalistes pour atteindre les objectifs fixés.

70 % DES CANADIENS N'ONT PAS DE PLAN DE RETRAITE

Penser à sa retraite donne des migraines. Il est cependant important de la prévoir : le Canada est en effet l'un des pays où l'espérance de vie est la plus longue[42].

Trop peu de Canadiens prennent le temps de se préparer adéquatement à la transition entre le travail, la préretraite et la retraite. Ils y pensent quelques fois, mais

---

41. iqpf.org.
42. Actualitix, Atlas de statistiques sur les pays, *Canada – Espérance de vie (années)*, 2015, mise à jour le 1er octobre 2016, actualitix.com.

la plupart du temps, la pensée magique et la procrastination engourdissent ces préoccupations.

En 2016, la firme internationale Fidelity Investments a mené une enquête auprès de 1400 Canadiens âgés de plus de 45 ans, parmi lesquels on trouvait 47 % de retraités et 53 % de préretraités. Sans surprise, seuls 30 % d'entre eux avaient déjà établi un vrai plan de retraite, et ceux qui avaient un plan de retraite étaient plus décontractés que les autres et très satisfaits de leur situation.

En sachant où ils s'en vont, les prévoyants peuvent associer le concept de retraite aux mots « liberté », « plaisir » et « tranquillité ». À l'inverse, pour les procrastineurs et ceux qui improvisent les étapes cruciales d'une fin de carrière, la retraite est synonyme de stress financier important.

Étonnamment, il ressort de cette enquête que 60 % des gens interrogés dans les deux groupes croient que leur niveau de vie s'améliorera ou restera le même à la retraite. Une proportion importante de Canadiens considèrent qu'ils seront moins agressifs et prendront moins de risques en matière de placement. Ils soulignent pour la plupart que l'apport d'un conseiller est apprécié. Parmi les retraités qui ont un conseiller, 66 % considèrent que leurs économies croissent ou sont stables. Parmi ceux qui n'en ont pas, ce chiffre tombe à 43 %.

Une donnée très importante pourra sécuriser les plus inquiets : seulement 4 % des retraités ayant le soutien d'un conseiller financier ou d'un planificateur ont vu leurs économies s'épuiser. Sans l'apport d'un conseiller de confiance, en revanche, ils sont 26 % à être passés à travers leur bas de laine.

Parmi les services les plus appréciés, on retrouve la planification financière et de revenu de retraite, pour 51 % des personnes interrogées ; la planification fiscale, pour 16 % ; les autres objectifs d'épargne, pour 14 % ; et la planification successorale, pour 8 %. La planification des soins de santé et les assurances font aussi partie des conseils jugés utiles.

Les cinq plus grandes menaces pour les retraites

La première menace est l'inflation. Elle érode le pouvoir d'achat. Autrement dit, si vos placements rapportent moins que la hausse des prix à la consommation, vous devrez diminuer votre niveau de vie.

L'âge venant, la maladie ou la perte d'autonomie peuvent entraîner des coûts imprévus. Il est donc important de prendre des assurances, faute de quoi vos économies peuvent se tarir à la vitesse de l'éclair. Avez-vous les protections adéquates?

Une diversification insuffisante des actifs peut entraîner de très mauvaises surprises. C'est pourquoi tous les retraités doivent opter pour une combinaison des plus grandes classes d'actifs. Se concentrer sur une seule classe augmente considérablement les risques. Il faut avoir une répartition adéquate d'obligations, d'actions et de liquidité.

Planifier ses retraits est primordial. Sans plan précis de décaissement, on peut être tenté de retirer des sommes trop importantes pour ses moyens et ainsi hypothéquer ses vieux jours, voire épuiser ses fonds.

Enfin, même si l'on souhaite tous vivre le plus longtemps possible, survivre à ses économies est un risque en soi. Plus on vit vieux, plus on risque d'assister à l'épuisement de ses fonds de retraite. Chiffre révélateur à cet égard, on estime que seulement 40 % des Québécois ont une part de leurs revenus de retraite protégée par un régime d'entreprise.

COMMENT NÉGOCIER AVEC SON BANQUIER

Pendant mes premières années sur le marché du travail, je me suis heurté à l'animosité d'un confrère animateur qui avait appris que je gagnais 20 % de plus que lui. Lorsqu'il m'a demandé pourquoi j'avais un plus gros montant sur mon chèque de paie, je lui ai tout simplement répondu que je l'avais demandé.

Mon père m'a enseigné que la première offre d'un patron ou d'un banquier n'est jamais la meilleure qu'il puisse faire. « Demandez et vous recevrez », dit l'adage. C'est vrai pour le marché du travail, mais c'est vrai également pour tout le secteur financier.

Oui, vous avez bien lu. Tout, absolument tout est négociable. Que ce soit votre assurance vie, les frais de votre REER ou de votre CELI, le taux d'intérêt de votre carte de crédit, le taux de l'agent immobilier, le tarif du comptable, du notaire, du conseiller, du planificateur... et j'en passe.

Si vous ne demandez pas d'ajustement en votre faveur, vos chances d'obtenir un rabais sont nulles. On ne veut pas discuter avec vous ? Faites l'effort d'aller voir ailleurs. Les conditions de marché étant très variables, quelques points de pourcentage peuvent vous faire gagner des milliers de dollars à long terme. Par exemple, un REER de 100 000 dollars rapportant 5 % nets vaudra plus de 275 000 dollars dans vingt ans. À 4,75 %, il vaudra 253 000 dollars, soit 12 000 dollars de moins. Où souhaitez-vous que ces dollars se retrouvent ? Dans vos poches ou dans celles du banquier ?

Soyez bien documentés : plus vous en saurez, mieux vous serez outillé pour négocier. Faites vos recherches dans internet, passez de nombreux appels téléphoniques. Ne soyez jamais gêné de poser des questions. Constituez-vous un dossier étoffé sur les produits que vous envisagez : noms, caractéristiques, avantages, total des frais. Vous êtes le client et vous avez le droit de savoir comment la banque s'enrichit avec les produits et services professionnels que vous consommez.

Investissez-vous et vous ne le regretterez pas. Si vous cherchez à obtenir l'aide d'un conseiller en gestion de patrimoine, identifiez la liste des services que vous désirez obtenir : soutien pour les impôts, projection financière, analyse impartiale des placements, gestion active, analyse des besoins en assurance, conseils en matière d'avantages sociaux au travail, etc.

Allez ensuite présenter vos exigences à différents conseillers et notez TOUT ce qu'ils vous disent. Prenez le temps d'étudier chacune des offres qu'on vous fait et n'hésitez pas à contacter l'ordre professionnel dont dépend le conseiller.

Enfin, notez qu'un financier très populaire qui jouit d'un taux de satisfaction très élevé auprès de sa clientèle sera moins enclin à moduler ses tarifs.

Les questions qui font baisser les frais

« Des firmes semblables à la vôtre ont des tarifs inférieurs. Qu'est-ce qui justifie votre prix ? »

« J'ai un excellent dossier et je mérite mieux. Quel est le nom de votre supérieur ? »

« Je ne veux pas de votre iPad ni d'un autre gadget. Dans ce cas, quelle est ma réduction ? »

« Sur quoi est basée votre rémunération ? »

« Je vous ai apporté la brochure de votre concurrent, pouvez-vous battre son prix ? »

COMMENT SE PASSER DES PLUS GRANDES BANQUES

Des institutions aussi solides que les grosses

« Je veux encourager les commerçants locaux. Je souhaite faire affaire avec des entreprises de plus petite taille, dans tous les secteurs de la consommation, mais elles doivent être sécuritaires. » C'est un discours qu'on entend de plus en plus : il est vrai qu'on retrouve très souvent les mêmes bannières au pays. Comme nous l'avons vu à la rubrique « Fusions, acquisitions et disparitions », les grandes banques ont englouti un grand nombre de firmes de courtage, de sociétés de fonds, de trusts et de groupes d'assurances. Elles sont devenues gigantesques.

On peut affirmer sans se tromper que 99 % des consommateurs de produits et services financiers auront, un jour ou l'autre, de l'argent qui transite par les systèmes de RBC, CIBC, BMO, TD, Scotia, Banque Nationale ou Desjardins.

Mais, je l'affirme également avec certitude, on peut échapper à leurs griffes tout en diminuant ses frais et en conservant sa tranquillité d'esprit. Quelle institution choisir ? C'est comme l'essence : si vous n'êtes pas capable de vous en passer, bouchez-vous le nez et prenez la moins chère.

Cependant, qu'une chose soit claire : si l'institution ou le conseiller offre l'assurance-dépôts ou des produits encadrés par l'Autorité des marchés financiers, vos économies sont en sécurité. Sur le site du Bureau du surintendant des institutions financières du Canada (BSIF), vous allez trouver la liste de toutes les institutions réglementées. On compte maintenant plus de 400 institutions financières fédérales au Canada.

En 2016 seulement, six nouvelles banques se sont ajoutées à la liste, la Wealth One Bank of Canada (WOBC), qui propose ses services principalement à la communauté chinoise de l'ouest du pays et de Vancouver. L'Exchange Bank of Canada (EBC), Banque de change du Canada en français, est une filiale d'une banque de Floride et fournit essentiellement des services de changes de devises destinés aux entreprises. Quant à Impak Finance, elle veut devenir l'institution la plus socialement responsable au pays. Cette banque en ligne fournira des prêts aux entrepreneurs innovants œuvrant dans les énergies renouvelables et les activités qui ont un impact positif sur les communautés.

DES FINANCIÈRES À DÉCOUVRIR

Voici quelques institutions de dépôts, de prêts ou d'investissements offrant d'excellents produits et des taux parfois plus généreux que ce que vous êtes habitué à voir dans votre succursale bancaire. Elles sont tout aussi sûres que les plus grandes bannières ayant pignon sur rue.

Achieva Financial	Financière Mackenzie
Amex	Foresters Financial
Banque Canadian Tire	Franklin-Templeton
Banque ICICI	Genworth
Banque Laurentienne	GreatWest
Banque Manuvie	HomEquity Bank
BlackRock	HSBC
B2B Bank	Industrielle Alliance
Canada Vie	Invesco
Capital One	Investissements Russell
Citibank	JPMorgan Chase
CS Alterna	Le Choix du Président
EdgePoint	Mawer Investment MCAP
Empire Vie	Placements CI
Equitable	SSQ Investissement
Fidelity Investment	Sunlife
Financière First National	

Attention ! Le Big Six possède aussi d'autres marques déguisées en « bières de microbrasserie » :

RBC	**TD**
BlueBay	MBNA
O'Shaughnessy	**Banque Scotia**
PH&N	Fonds Dynamique
BMO	Gestion d'actifs 1832
Guardian	Tangerine
Banque Nationale	**CIBC**
FBNI	Axiom
Gestion Privée 1859	Imperial
Surintérêt Altamira	Renaissance
Wellington West	**Desjardins**
	Ethical
	NordOuest

VOULEZ-VOUS QUAND MÊME ÊTRE ENTENDU PAR VOTRE GRANDE BANQUE ?

Achetez des actions de votre institution. Pas besoin d'être très riche ni d'en acheter beaucoup. En devenant actionnaire, vous aurez le droit de participer aux assemblées et d'exercer votre droit de vote. C'est de cette manière que les actionnaires de la CIBC ont réussi à empêcher l'augmentation pharaonique des prestations de retraite de deux anciens dirigeants, dont la rémunération annuelle combinée dépassait 25 millions de dollars[43].

Cessez d'être fidèle à votre banque habituelle. Ne concentrez plus tous vos avoirs dans la même institution. Vous pouvez avoir un prêt hypothécaire auprès de votre caisse, vos REER dans une société internationale de fonds communs de placement, votre CELI dans une banque virtuelle et votre REEE dans une compagnie d'assurances. Avoir plus d'une bannière de services financiers vous donne un plus grand éventail de choix ainsi qu'un pouvoir de négociation, en plus d'être sage et sécuritaire.

Lisez, surfez et renseignez-vous sur les autres possibilités existantes. Votre épargne bénéficie des mêmes protections, qu'elle soit placée dans une banque classique ou dans une institution financière en ligne. Bien que certaines de ces institutions en ligne aient leur siège social dans d'autres provinces, vous pouvez devenir leur client et, ce faisant, diminuer, voire annuler certains frais. Consultez les conditions offertes par la Banque Manuvie, La Capitale, AcceleRate Financial, le Choix du Président, Canadian Direct, ICICI, etc. Pour bien signifier votre démarche à votre banque ou à votre caisse, allez porter au directeur de l'établissement en personne vos formulaires de transferts ou votre lettre de fermeture de compte.

---

43. « Victoire pour les actionnaires de la CIBC », *ICI Radio-Canada*, 24 avril 2015.

Écrivez à votre député fédéral. Ce dernier est votre représentant au Parlement canadien. Il a le devoir d'écouter vos doléances et de favoriser l'intérêt de ses concitoyens. Si le parti qu'il représente fait plutôt preuve de laxisme à l'égard du monde bancaire, impliquez-vous auprès des politiciens qui prennent le sujet au sérieux. Et n'oubliez pas, faites parler votre vote.

EN RAFALE – OUTILS ET CONSEILS

- Les frais de gestion d'un placement ne représentent pas la somme de tous ses frais. Pour l'obtenir, exigez de connaître le ratio des frais de gestion (RFG, ou MER en anglais).

- Si vous dépensez le remboursement d'impôt généré par votre contribution au REER, vous anéantissez un des avantages les plus importants du régime.

- Si vous souhaitez acheter de l'or, procurez-vous des RTB (reçus de transactions boursières) émis par la Monnaie royale du Canada : c'est la manière la plus économique de le faire.

- Tous les produits pouvant entrer dans les cotisations à un REER sont également permis pour le CELI.

- Habituellement, un retraité vivra confortablement s'il touche au moins 50 % de ses revenus d'emploi.

- Les taxes et les impôts représentent le poste budgétaire le plus important des familles canadiennes, représentant environ 42 % des revenus familiaux bruts.

- Les enfants mineurs peuvent cotiser à un REER. Il faut cependant qu'ils reçoivent un revenu gagné suffisant et qu'ils paient des impôts.

- Seymour Schulich serait le Canadien ayant le REER le mieux garni au pays. Cet investisseur minier détiendrait pour 250 millions de dollars d'actifs dans son REER.

- Un compte bancaire CELI est presque toujours une mauvaise affaire. Prenez votre temps afin de choisir le produit pour CELI le plus approprié à vos besoins.

- Le REEE (Régime enregistré d'épargne-études) et le REEI (Régime enregistré d'épargne-invalidité) sont souvent plus avantageux que les CELI et les REER

- On peut retirer des REER sans impôt avec le programme RAP (Régime d'accession à la propriété) pour l'achat de sa première maison et via le REEP (Régime d'encouragement à l'éducation permanente) pour financer un retour aux études.

- Trente-trois des 40 plus grands gestionnaires de placements et de fonds de pension au Canada ne sont pas reliés aux banques.

CONCLUSION

L'INSTITUTION FINANCIÈRE DE RÊVE

Après tout ce que vous venez de lire et d'apprendre, vous avez le droit d'être outré. Il ne faut cependant pas en rester là. Vous devez faire part de vos observations et de vos inquiétudes au conseiller qui vous assiste, ou mieux, en parler à son directeur de succursale. Chaque fois que vous avalez de travers sans rechigner et sans vous plaindre, non seulement vous dites silencieusement aux banquiers que vous acceptez la situation, mais vous leur donnez votre aval pour plumer vos voisins. Si l'on souhaite changer les choses et rendre les services financiers plus humains, plus pertinents, il faut s'exprimer. Pour conclure cet ouvrage, j'ai demandé à quelques personnalités publiques d'imaginer pour moi l'institution financière de leurs rêves.

Il faut viser l'épargne

Gérald Fillion, de l'émission *RDI Économie,* est l'un des journalistes les plus appréciés par le public québécois. Avec plus de deux mille présences en ondes, il peut prétendre sans modestie qu'il est un excellent vulgarisateur financier. Pour avoir été son invité à plusieurs reprises, je confirme qu'une « interview à la Fillion » n'a pas d'égale dans la presse financière. Son souci premier : informer le grand public sur les enjeux financiers et économiques.

« L'institution financière rêvée est celle qui consacre toutes ses énergies à favoriser l'épargne. Depuis plusieurs décennies, notre modèle économique s'appuie sur l'endettement. Il est assez facile d'avoir une carte de crédit ou une carte de magasin et de dépenser l'argent qu'on n'a pas ! Ce modèle alimente la consommation, je dirais même la surconsommation, l'achat de produits dont on n'a pas besoin ou qu'on ne devrait pas acheter à crédit. »

« Mon institution financière rêvée est celle qui m'aide à épargner, qui m'encourage à le faire et qui prend le temps de m'expliquer les bienfaits de l'épargne pour les gros achats et la retraite. Et je m'attends à une éthique irréprochable de la part des employés et dirigeants de ces institutions. »

Il faut penser à long terme

Jasmin Bergeron possède un doctorat en administration de l'Université Concordia. Il est professeur titulaire à l'École des sciences de la gestion (ESG) de l'Université du Québec à Montréal. En plus d'être chercheur en marketing et en administration des services financiers dans une douzaine de pays, il est également consultant pour une quarantaine d'institutions financières. Ses quinze années d'expérience ne font que confirmer ce qu'il a toujours pensé :

« On ne fait pas affaire avec une banque pour ses couleurs ou ses produits. Ils sont presque tous identiques. La différence, c'est l'humain. Moi, j'y vais pour Nicolas. Je connais mon conseiller depuis plusieurs années. Quand je l'appelle, il me rappelle rapidement. C'est lui que je veux. J'ai tissé des liens étroits avec lui, et s'il change de bannière, crois-moi, je vais le suivre. »

« Pour s'améliorer, les institutions doivent suivre deux pistes : il faut que chaque employé traite les clients comme leurs enfants ou des membres de leur famille. Cela suppose une règle fondamentale : on doit nous dire la vérité. Ensuite, il faut que leurs offres soient globales. On doit se sentir entouré, et le.professionnel doit être en mesure de faire le tour de tous les aspects de nos besoins financiers, un peu comme un médecin de famille. En ce moment, on répond surtout à chaque petit problème individuel. J'ai besoin d'un REER. Je vais à la banque et on me vend un REER, sans plus. »

Bergeron considère que les banques canadiennes auront toujours de la difficulté à répondre aux aspirations de leurs clients si elles s'entêtent à conserver des cibles de rentabilité à court terme. En ne regardant pas au-delà de quatre trimestres, elles prennent des décisions qui ne sont pas toujours basées sur l'intérêt premier du consommateur et de l'investisseur.

« J'attends avec impatience le jour où un chef de la direction d'une banque annoncera les termes de son plan quinquennal. Fini le court terme. En plus de faire un brillant coup de marketing qui surprendra ses concurrents, ce dirigeant sera l'instigateur d'un changement de culture qui s'opérera dans toutes les divisions de l'institution. »

« Pour résumer, mon institution rêvée n'aura pas comme but premier de me vendre des produits et services, mais de me les revendre. Il y a là toute une différence. »

Il faut ramener les présidents sur terre

Selon Pierre-Yves McSween, enseignant, chroniqueur économique et auteur du livre *En as-tu vraiment besoin ?*, la carence la plus significative des banques se trouve en succursale.

« Ce qui me fatigue le plus dans les institutions, c'est le faible niveau de formation de la personne derrière le comptoir. En général, les employés reçoivent une formation minimale. En y pensant bien, on peut conclure que, finalement, la direction offre au client ce qu'il lui demande indirectement. Comme ils ont très peu de temps à accorder à leurs finances personnelles, les clients obtiennent le service minimum. Le gouvernement est donc complice par association, car l'intérêt des finances part de l'éducation. En ne dispensant pas de formation de base en économie à l'école, le gouvernement contribue à garder le citoyen dans l'ignorance. Nos banques ne sont ni plus ni moins que le reflet de notre niveau d'intérêt et d'implications dans nos affaires financières. »

McSween croit aussi que la structure de rémunération des dirigeants des banques gagnerait à être améliorée.

« Le président courageux qui plafonnera son salaire à un multiple raisonnable de la rémunération moyenne de ses employés fera office de pionnier. Par exemple, si la moyenne est de 60 000 dollars, il ne pourra pas obtenir une rémunération totale supérieure à 3 millions de dollars. Il ne pourra pas avoir d'augmentation s'il n'augmente pas également le salaire des autres employés. Ça enverrait un message, un signal puissant, que le président travaille dans l'intérêt des employés, des clients ET des actionnaires. Le modèle actuel est plutôt du genre : grosse paie et gros bonus sans égard à qui que ce soit. Le signal envoyé est toxique. Les rémunérations sont disproportionnées par rapport aux bienfaits générés. Le monde financier va récompenser, payer plus cher quelqu'un qui contribue à engendrer des revenus immédiats, qui conclut une transaction. »

Il faut rechercher la simplicité

François Lambert, homme d'affaires et ancien panelliste de l'émission *Dans l'œil du Dragon*, s'étonne que les frais des transactions faites au guichet automatique ou en ligne sont maintenant plus élevés que lorsqu'on se faisait servir au comptoir. Mais surtout, il déplore l'attitude cavalière des banques à l'égard des *start-up*.

Il y a quelques années, lorsque les centres d'appels ont connu une formidable poussée de croissance, son entreprise avait une marge de crédit d'exploitation qui lui servait à faire le pont de temps à autre — grâce à ses excellents revenus récurrents — et aucune autre dette. Il employait alors deux mille personnes, ce qui n'est pas anodin. Comme les affaires roulaient très bien, Lambert a eu le flair de revoir son modèle d'affaires afin de saisir de nouvelles opportunités. Non seulement sa banque ne l'a pas soutenu dans ses projets, mais elle a réagi négativement.

À son grand étonnement, la veille du dépôt de la paie de son personnel, « la banque s'est retirée sans avertissement ! Aucun arrangement n'était possible. Ils ont causé des ennuis à mes deux mille employés. Heureusement, notre santé financière était reluisante. Une autre institution nous a fait confiance et nous a ouvert tout grand ses portes. Je garde par contre un souvenir amer de cette histoire. Les banques ordinaires ne comprennent pas la réalité des entrepreneurs, elles sont inadaptées. Elles ne sont pas là pour favoriser l'expansion et l'émergence de belles et bonnes compagnies. »

Le Dragon a de la difficulté à s'imaginer que les grandes banques pourraient changer leurs manières de fonctionner. L'institution bancaire de ses rêves pourrait bien ne demeurer qu'un fantasme.

« Une institution de rêve devra avoir des éléments forts de différenciation. Elle devra embaucher des conseillers plus compétents plutôt que des vendeurs qui te bombardent de mille et une options plus inutiles les unes que les autres. Je n'aime pas me faire prendre pour un imbécile. Peut-être que cette nouvelle institution devra se positionner dans le marché en tirant profit des nombreuses frustrations vécues par les clients. Et si elle se contentait de devenir simplement une banque ? Une bonne banque. Mais ça n'arrivera probablement jamais parce que cela va diminuer les profits. »

Il faut viser l'équité

Claude Béland a été président des Caisses Desjardins de 1987 à 2000. Personnage important du paysage financier et politique québécois, les médias sollicitent régulièrement son point de vue sur les grands enjeux de la province.

Bien de son temps, Béland parle du monde financier comme un des trois supports de la collectivité. « Pour avoir un équilibre, il faut trois piliers solides. L'économie, la politique et la société civile. Si un prend trop de poids par rapport aux autres, ça déséquilibre nos systèmes. » En effet, c'est probablement ce que nous vivons. Dans nos échanges, monsieur Béland a dû employer à une vingtaine de reprises le terme « éthique ». Et visiblement, excepté pour identifier certains produits financiers bien ficelés par le département marketing, nos institutions financières ont le sens de l'éthique très élastique.

« Équité », « sens moral », « éthique » sont encore des mots qui font vibrer Claude Béland. Il s'insurge immédiatement dès qu'on aborde la paie des banquiers.

« Comment peut-on justifier aujourd'hui un salaire de 5 ou de 10 millions de dollars dans le monde financier ? Lorsque j'ai quitté Desjardins en 2000, ma paie était basée sur un multiple du plus bas salarié. Nous avions convenu que, malgré les conditions du marché, cela n'avait pas de sens que le patron gagne plus de vingt fois le revenu du plus bas salarié. À ma nomination en 1987, l'échelle commençait à 20 000 dollars. À ma dernière année, le premier échelon était de 30 000 dollars. Bien que j'aurais été très heureux avec une paie de 400 000 dollars, ils ont augmenté ma rémunération en fonction du multiple préétabli et, à ma dernière année, je gagnais 600 000 dollars annuellement. »

Ce sont les successeurs de monsieur Béland qui, après son départ, ont rapidement copié les banquiers de Bay Street et ont propulsé les salaires des hauts dirigeants de Desjardins au niveau de ceux des joueurs de la LNH. Encore aujourd'hui, les membres de Desjardins ont du mal à avaler le montant de la rémunération versée en 2015 à Monique Leroux : nulle part ailleurs sur la planète on ne trouve un président de coopérative qui gagne 4 millions de dollars par année. Et non, pour appliquer la logique des multiples, le plus bas salarié de Desjardins ne gagne pas 200 000 dollars !

L'institution financière de ses rêves ? Monsieur Béland ne me l'a pas dit ouvertement, mais visiblement elle fait partie du passé. Jadis, elle s'appelait le Mouvement Desjardins. Depuis, le terme « mouvement », qui faisait référence à la mobilité des gens et de l'environnement en changement perpétuel, a cédé sa place.

L'institution de ses rêves était proche de sa communauté. Elle comptait de nombreux bénévoles. Ses employés pouvaient appeler ses membres par leur prénom et tous ceux qui la fréquentaient se sentaient un peu propriétaires. Le meilleur taux sur les prêts et les placements étaient offerts à tous, peu importe leur budget.

Le banquier le plus cool en ville

En 2015, lors d'un voyage en Europe, Paul Allard s'est familiarisé avec le concept d'économie d'impact et il a eu le coup de foudre pour Triodos Bank. « Une banque nouveau genre » fondée aux Pays-Bas en 1980. Cette « banque d'impact » possède aujourd'hui des succursales en Allemagne, en Belgique, en Espagne et au Royaume-Uni.

Impak Finance et Impak Banque s'inspirent directement de Triodos. Paul Allard a réussi à réunir des capitaux et des cerveaux. Trois Français, cinq Québécois et quatre Torontois travaillent maintenant à bâtir leur « banque idéale ». Les fondateurs se disent tous capitalistes, mais la responsabilité sociale fait partie de leurs préoccupations.

« Le principe de "finance d'impact" prend sa source dans le système bancaire traditionnel. Quand un client verse 1 dollar en dépôt, sa banque a le pouvoir de prêter 10 dollars. Elle crée de nouveaux billets comme ça, sans raison et sans missions sociales. Elle n'a même pas l'obligation d'engendrer de la valeur, mais uniquement un profit pour ses actionnaires. Alors, elle prêtera à des conditions et dans des activités qui l'avantagent. » C'est le système dans lequel nous vivons. Les banques privatisent les profits, mais nationalisent leurs pertes.

Une banque d'impact accepte elle aussi des dépôts des clients, mais sans prélever de frais courants. Quant aux 10 dollars de prêts qu'elle peut consentir, ils ne peuvent soutenir que des projets à haute valeur ajoutée sociale ou environnementale. Elle n'investit que dans des secteurs qui sont utiles et positifs pour la société, comme les soins de santé, l'immobilier, les énergies vertes, l'innovation technologique, l'agriculture, le microcrédit...

Et 100 % de ses investissements se font dans l'économie réelle. La banque se refuse à toucher à la spéculation, aux montages financiers complexes et à toutes les activités virtuelles qui caractérisent aujourd'hui les banques ordinaires. En effet, 70 % des transactions qu'elles effectuent au quotidien ne génèrent aucune production concrète. Les contrats à terme, swaps et options en tout genre ne débouchent sur aucune livraison de biens ou de services.

Monsieur Allard croit au capitalisme raisonnable. La valeur de l'économie d'impact est estimée à 60 milliards et on la voit très bien atteindre les 500 milliards en quelques années seulement. L'institut pour l'investissement responsable de la banque américaine Morgan Stanley a estimé que depuis sept ans, 72 % des investissements d'impact génèrent plus de profits que les investissements conventionnels. Allard estime que l'économie et la finance vont se transformer radicalement.

« Nous sommes à l'aube de ressentir les effets de trois tsunamis : l'économie de collaboration ou de partage (comme AirBnB) ; les *blockchains* (comme les Bitcoins) et autres catégories de fintechs ; l'investissement d'impact.

« Contrairement à une chanson, l'argent n'a pas d'auteur et n'a pas besoin de versements de royautés. Avec les *blockchains*, les commissions des intermédiaires tirent à leur fin. Tous les gardiens de valeur comme les trusts, banques, études légales... vont vivre des bouleversements similaires à l'industrie de la musique. »

Impak Finance est la première société canadienne à avoir reçu l'autorisation de lever des capitaux massivement par le grand public. Dans une offensive semblable à Kickstarter, en octobre 2016, elle lançait sa première campagne de sociofinancement en proposant un minimum de 100 actions de l'entreprise pour 100 dollars.

Tout l'écosystème du modèle d'affaires « Impak Banque » mettra environ cinq ans à se déployer entièrement. C'est à la fin de 2018 qu'elle devrait accepter ses premiers dépôts via ses applications mobiles et son site web.

L'institution financière de mes rêves

Le secteur bancaire s'est développé et a prospéré comme nulle autre industrie au Canada. Nous avons laissé les banques se contrôler entre elles, s'acheter les unes les autres et s'entendre pour unifier le modèle, les frais, les objectifs, les tarifs, intimidant tous les concurrents. Comme dans une cour d'école, les plus gros effraient les plus petits. Il n'y a pas beaucoup de surveillants. En fait, si, il y en a, mais ils avertissent les banquiers avant de sévir.

Pour avoir une institution de rêve, on a besoin d'un système financier de rêve. Selon moi, c'est en solidifiant la fondation qu'on pourra rebâtir la maison.

Les nouvelles règles de propriété pour les banques canadiennes favorisent un peu plus la concurrence, mais pas suffisamment. Je suis d'avis qu'il ne pourra exister de banque de rêve que si l'on oblige les institutions dominantes à céder quelques-unes de leurs filiales. Il faut être complètement sourd, aveugle et insensible pour ne pas remarquer que notre oligopole bancaire représente une menace pour le citoyen canadien, pour les entrepreneurs et pour l'avenir économique du pays.

Nous payons aujourd'hui le prix des fusions et acquisitions que nous avons favorisées pour mieux solidifier le système financier. Or, c'est le résultat contraire que nous avons obtenu : actuellement, la concentration des capitaux nuit aux consommateurs et encourage l'endettement des ménages.

Scinder chaque grande banque en quatre ou cinq entités m'apparaît sensé et urgent. De plus, des règles plus strictes devraient empêcher leurs filiales en valeurs mobilières de détenir des actions et des obligations du Big Six. En transigeant sur leurs propres titres, directement et indirectement, elles gonflent artificiellement leurs valeurs et affaiblissent la concurrence.

Le Code d'Hammourabi est à la finance ce que le serment d'Hippocrate est à la médecine. Rédigé en 1750 avant Jésus-Christ, il a jeté des bases juridiques et morales qui sont encore pertinentes de nos jours. Le souverain babylonien qu'était Hammourabi jugeait que les affaires d'argent devaient être gérées avec éthique et rigueur, en partant d'un principe que tous comprennent : agir en bon père de famille.

Faire passer les intérêts des clients avant les siens ne devrait jamais être négociable.

REMERCIEMENTS

Je tiens à remercier chaleureusement mon épouse, et plus proche collaboratrice, Josée Cyr. Je salue sa compréhension et son soutien lors de la rédaction de cet ouvrage. Je n'aurais pu le mener à son terme sans sa patience et son aide de tous les instants.

Merci à Pierre-Yves McSween, Gérald Fillion, Mathieu Bédard, Jasmin Bergeron, Jonathan Roy, Alain McKenna, Sophie Ferrando, Claude Béland, Stéphane Desjardins, Paul Allard, Michel Chicoine et François Lambert pour leur disponibilité et leur précieuse collaboration.

Merci à mes enfants, Sandrine, Félix, Bastien et Christophe. Cette modeste contribution à l'éducation financière et économique est certainement motivée par mon désir de protéger votre patrimoine et celui de votre descendance.

TABLE DES MATIÈRES